ESTRELA AMARELA

JENNIFER ROY

ESTRELA AMARELA

Tradução
ERNANI SSÓ

Copyright © 2006 by Jennifer Roy

Primeira edição de Marshall Cavendish, EUA
Publicado mediante acordo com Luminis Literary Agency
and Translations através de Valeria Martins.

O selo Seguinte pertence à Editora Schwarcz S.A.

*Grafia atualizada segundo o Acordo Ortográfico da Língua
Portuguesa de 1990, que entrou em vigor no Brasil em 2009.*

Título original
Yellow star

Capa
Mariana Newlands

Revisão
*Valquíria Della Pozza
Carmen S. da Costa*

Dados Internacionais de Catalogação na Publicação (CIP)
(Câmara Brasileira do Livro, SP, Brasil)

Roy, Jennifer
 Estrela amarela / Jennifer Roy ; tradução Ernani Ssó. —
São Paulo : Companhia das Letras, 2011.

 Título original: Yellow Star.
 ISBN 978-85-359-1853-3

 1. Literatura infantojuvenil I. Título.

11-03178   CDD-028.5

Índices para catálogo sistemático:
1. Literatura infantojuvenil 028.5
2. Literatura juvenil 028.5

7ª reimpressão

Todos os direitos desta edição reservados à
EDITORA SCHWARCZ S.A.
Rua Bandeira Paulista, 702, cj. 32
04532-002 — São Paulo — SP
Telefone: (11) 3707-3500
www.seguinte.com.br
contato@seguinte.com.br

🇫 /editoraseguinte
🐦 @editoraseguinte
▶ Editora Seguinte
📷 editoraseguinteoficial

Para minha mãe, Robin Rozines

AGRADECIMENTOS

Gostaria de agradecer de modo especial a minha irmã gêmea, Julia DeVillers (uma escritora incrível), e minha irmã Amy Rozines. Gostaria também de agradecer a minha editora, Margery Cuyler, e Michelle Bisson.

Este livro não existiria sem Sylvia Perlmutter Rozines e seu corajoso testemunho. Esta obra deseja honrar também a memória de Samuel Rozines, David Rozines, Rachel Rozines e Isaac e Dora Perlmutter.

Muito obrigada ainda a Gregory Rozines, Harriet Diller, Gwen Rudnick, Gail Aldous, Karen Hesse, Jane Yolen, Sharon Aibel e a Quinn e Jack DeVillers.

Finalmente, gostaria de expressar minha mais profunda gratidão a meu marido, Gregory, e a meu filho, Adam, por me fazerem tão feliz.

PRÓLOGO

"Em 1939, os alemães invadiram Lodz, na Polônia. Obrigaram todos os judeus a viver numa pequena parte da cidade que chamaram de gueto. Eles construíram uma cerca de arame farpado em volta dela e colocaram guardas nazistas para que ninguém saísse dali. No gueto de Lodz viviam duzentas e setenta mil pessoas.

"Em 1945, a guerra acabou: os alemães se renderam, o gueto foi libertado. Dos prisioneiros, um pouco mais de um quarto de milhão, apenas oitocentos saíram com vida. Entre os sobreviventes havia doze crianças. Eu era uma delas."

(Trecho de entrevista com
Sylvia Perlmutter, março de 2003.)

INTRODUÇÃO

Esta é a história verídica de Syvia, que depois passou a ser chamada de Sylvia, Perlmutter. Quando começou a Segunda Guerra Mundial, ela tinha quatro anos e meio. Quando acabou, tinha dez.

Por mais de cinquenta anos depois da guerra, Syvia, como muitos outros sobreviventes do Holocausto, não falou sobre suas experiências.

Mas, à medida que envelhecia, se aproximava o momento de lembrar, de compartilhar. À noite, as lembranças apareciam nos sonhos dela. Durante o dia, os detalhes estalavam em sua mente. A história de Syvia estava vindo à tona, pedindo para enfim ser contada.

Então ela a contou para mim, sua sobrinha.

Foi a primeira vez que escutei a história de um sobrevivente do Holocausto do começo ao fim.

Quando soube que minha tia foi uma das doze crianças que saíram com vida do gueto de Lodz, fiquei petrificada. *Como é que não sabíamos?*

Perguntei a minha tia se ela falaria um pouco sobre o assunto e se eu podia gravar a conversa. Ela concordou. E assim Sylvia falou, por telefone, ela em seu apartamento em Maryland e eu em minha casa em Nova York. Quanto mais falava, mais lembrava. Isso me deu o que pensar.

Eu era uma escritora experiente, mas me perguntei se seria capaz de contar a história da minha tia, se era a pessoa certa para escrevê-la. Sempre senti medo de *qualquer* coisa relacionada com o Holocausto. Cresci consciente do assunto, porque no colégio judaico todos os anos passavam um filme sobre as atrocidades cometidas pelos nazistas. Montes de sapatos de crianças mortas, valas comuns cheias de ossos, sobreviventes esqueléticos sendo libertados. Mas meus professores jamais nos explicaram isso tudo dentro de um contexto histórico, de modo que pudéssemos compreender. Nenhum estudo do Holocausto, nenhuma discussão sobre a época. Tínhamos apenas as imagens de um dos piores períodos da história moderna: o assassinato de seis milhões de judeus.

Como uma garota judia e norte-americana, cresci sabendo que nem sempre o mundo é um lugar seguro e que as pessoas podem se voltar contra você, mesmo numa sociedade civilizada. O Holocausto foi uma coisa tremenda e inimaginável. Aterrorizante e traumática. Mas também algo de que não se fala. Basta começar a fazer perguntas a qualquer sobrevivente para se dar conta de que o seu interlocutor vai logo querer mudar de assunto. Durante minha infância, nos subúrbios de Nova York, percebi que se falava de tudo, menos da guerra. O lema dos sobreviventes era "Nunca esqueça!", no entanto, ninguém nos dizia o que é que tínhamos de lembrar. Nem mesmo meu pai, Sam.

Ele também sofreu com a perseguição nazista. Foi separado do pai, meu avô, assassinado nos massacres na Floresta Negra, na Alemanha. Com sua mãe, sua irmã e mais três irmãos, escapou por pouco de ser enviado a um campo de concentração na Polônia. Os três fugiram para um campo de refugiados na Sibéria, onde meu pai passou a infância, lutando para sobreviver até que a guerra acabasse. Ele raramente falou disso. Quando morreu, sua história se perdeu.

Minha tia Sylvia era a mulher do irmão de meu pai. Me parecia uma honra ouvi-la, ser a fiel guardiã de suas memórias. Jurei fazer justiça à sua história.

E então... me meti numa boa encrenca. Primeiro, tentei escrever a história de modo direto, como um relato não ficcional. Ficou muito seca. Depois, decidi reescrevê-la como uma narração em terceira pessoa. Isso também não funcionou direito. Frustrada, voltei às fitas e ouvi de novo a voz de minha tia, seu cadenciado sotaque europeu. De repente, as vozes de todos os meus parentes me inundaram, nervosas e reanimadas, num inglês norte-americano tingido de iídiche e polonês. Eram as vozes de minha avó, de meus tios, de meu pai. Todos já falecidos. E então eu soube que tinha que escrever a história de minha tia na primeira pessoa, como se fosse ela mesma quem a estivesse contando.

Este livro foi escrito para todos os meus parentes, para minha avó, Rachel, que pôde sair da Sibéria depois da guerra e teve de separar seus filhos: enviou o mais velho para a nova pátria dos judeus, Israel, e foi com os outros três para os Estados Unidos, por fim se estabelecendo em Nova York. O bebê da família era Sam, meu pai. O próximo era Nathan. Depois vinha David, que se apaixonou por Sylvia Perlmutter, com quem acabou se casando. Quando minha tia me falava de sua infância, ela me olhava com olhos de menina. Senti suas experiências como algo real, próximo e urgente.

Esta é a história de Syvia, na poesia das palavras de uma sobrevivente.

PARTE UM

Antes da Segunda Guerra Mundial, viviam 233 mil judeus na cidade de Lodz, Polônia. Constituíam um terço da população e eram a segunda maior comunidade judaica na Polônia.

Muitos dos judeus de Lodz eram profissionais com boa educação. Homens de negócio, professores, cientistas e artistas. Os pais criavam seus filhos para serem cidadãos produtivos.

Enquanto isso, na Alemanha, Adolf Hitler havia chegado ao poder. Hitler estava convencido de que as pessoas consideradas arianas eram superiores a qualquer outra pessoa de "raça inferior". Embora o judaísmo seja uma religião, não uma raça, Hitler decidiu que a natureza judaica de uma pessoa estava em seu sangue. Seu plano para criar uma "raça superior" não incluía os judeus, claro.

Em 1º de setembro de 1939, os alemães invadiram a Polônia, dando início à Segunda Guerra Mundial. Os nazistas trataram de isolar os judeus poloneses em partes da cidade que chamaram de guetos. Um desses guetos foi o de Lodz. Dispunha de 31721 residências, a maioria com um único quarto e sem água corrente. Na primavera desse ano, 160 mil judeus — homens, mulheres e crianças — foram confinados no gueto de Lodz. Em 1º de março de 1940, o gueto ganhou uma cerca de arame farpado. Os judeus estavam isolados do resto da Polônia e sem comunicação com o mundo exterior.

OUTONO DE 1939

Como tudo começa

Tenho quatro anos e meio, quase cinco, e estou em meu esconderijo preferido, atrás da poltrona da sala de jantar, penteando minha boneca e ouvindo a conversa dos adultos.

A preocupação enche o ar e se mistura com o cheiro de limão do bolo recém-assado que esfria na travessa. *Clinc, clinc,* é o ruído da xícara de mamãe tremendo no pires.

— Temos que ir mesmo, Isaac? — ela diz a meu pai, que chega inesperadamente do trabalho, interrompendo o chá semanal.

— Temos de sair agora de Lodz — diz papai. — Esta cidade não é mais segura para os judeus.

Minha mão continua penteando os cabelos de minha boneca. Em minha cabeça fica gravada uma palavra: judeus.

Judeus. Somos judeus. Eu sou judia. Celebramos as festas judaicas e comemos kosher, mas isso é tudo o que sei.

E o que é que tem sermos judeus? — murmuro a pergunta ao ouvido da minha boneca.

Mas ela apenas me olha fixamente.

Perguntas

Não pergunto nada a papai ou a mamãe antes de minhas tias irem embora. Tenho muita vergonha de falar quando há visita em casa, mesmo que sejam as tias, que me beliscam as bochechas e me dão fitas para minhas tranças.

Minhas tias são judias, meus tios e meus primos também. *E minha boneca, será que é judia?*
Ninguém responde a minhas perguntas. Estão ocupados demais metendo coisas nas maletas: garfos, facas, copos, a foto de casamento de meus pais, e roupas, umas para mim e outras para minha irmã mais velha, Dora.

— Agora não, Syvia — me diz mamãe, quando lhe faço mais perguntas.

Por isso volto ao meu esconderijo, atrás da poltrona... e espero.

O bolo de limão continua intacto.

A *viagem*

É meia-noite, mas ninguém da minha família está dormindo. Vamos aos trancos, todos juntos, a caminho de Varsóvia, protegidos pela escuridão e pela floresta, na parte de trás de um carro puxado por um cavalo. Mesmo que eu me encoste em mamãe, Dora, tia Sara e meus dois priminhos, não consigo me esquentar. Meus dedos são como gravetos congelados. Tenho medo que se quebrem em pedacinhos como os galhos que estão se quebrando sob as rodas do carro.

Quando digo *Var-só-via* minha boca sopra nuvens no ar gelado.

Meu pai e meu tio Samuel vão sentados na frente e se alternam para dirigir. A viagem é longa.

Quando chegamos a Varsóvia, dali a uns dois dias, procuramos um lugar para viver. Ninguém quer nos alugar nada. "Sinto muito, também não há trabalho." Estamos em guerra. E somos judeus.

Então voltamos para nossa casa de Lodz. A viagem de volta me parece ainda mais gelada.

A estrela de davi

Laranja. É esta a cor do meu casaco, que combina com um cachecol que me deram antes da guerra. Também deram um para Dora, só que azul e maior.

Amarelo. É esta a cor da estrela de seis pontas que costuraram no meu casaco. Há uma lei que diz que todos os judeus devem exibir a estrela de davi na roupa sempre que saem de casa, senão serão presos.

Como eu gostaria de arrancar a estrela (com cuidado, pouco a pouco, para não estragar meu casaco tão bacana), porque o amarelo deveria ser a cor da alegria, não a cor do ódio.

Gueto

Os nazistas cercaram um pequeno setor da cidade. Dizem que está contaminado com uma doença infecciosa, mas mesmo assim ordenam que todos os judeus de Lodz abandonem suas casas imediatamente e se concentrem nesse espaço. Eles o chamam de gueto.

— Todos os judeus? Devem ser mais de cem!

Cem é o maior número que conheço.

Papai me corrige:

— Perto de 100 mil, talvez o dobro.

O resto da Polônia

Há muitas outras pessoas que não são judias na Polônia. Elas podem ficar em suas casas. Não me parece justo.

Dora diz que eram vizinhos nossos, mas que não são mais amigos. Muitos poloneses disseram coisas horrorosas sobre os judeus, os atormentaram e surraram.

— Eles nos odeiam — diz Dora. — Estão felizes que vamos embora.

FEVEREIRO DE 1940

Um lugar novo

Entro no gueto. Minha irmã não solta a minha mão para que eu não me perca ou seja pisoteada pela multidão de pessoas que estampam estrelas amarelas, arrastam seus pertences, a caminho do gueto.

Novo lar

A primeira coisa que fazemos ao entrar no pequeno apartamento, no segundo andar, é dar uma olhada nos dois cômodos. Minha mãe levanta uma sobrancelha e franze a testa. Papai encolhe os ombros e diz:
— Bem, o que podemos fazer fora tentar melhorá-lo?
— Nossa casa é muito mais legal — diz minha irmã.
Pergunto onde fica o banheiro.
— Lá fora, no pátio do edifício — diz papai.
Vamos ter que compartilhá-lo com as outras famílias.

O banheiro

O banheiro é pequenininho e não tem janelas. Trato de fechar bem a porta quando entro. Tiro as luvas, o casaco e todo o resto — já não me aguento mais. Quase não me sento a tempo no vaso.

É tão escuro aqui. Me sinto sozinha. E se não conseguir sair? E se fico trancada aqui dentro, e ninguém me escuta?

Em casa me ouviriam e viriam me resgatar, mas aqui é diferente.

Por que tudo tem de ser diferente agora? Por que não nos deixam voltar para casa?

Termino e empurro a porta, segurando a respiração. Ela se abre. Suspiro de alívio, volto ao edifício e sigo pelo corredor para nossa nova vida.

Parentes

Os pais de papai e mamãe, meus avós, estão mortos, mas tenho muitos tios e muitas tias. Há as irmãs de minha mãe — Sara, Rose e Malka. Há os irmãos — Label e Herschel. Eles também vivem no gueto com meus primos.

O irmão de papai, Haskel, e suas meio-irmãs Edit, Esther e Sura estão igualmente no gueto com seus filhos. O outro irmão de papai, Luzer, vive na Rússia, e seu meio-irmão, Joseph, vive em Paris, França.

Também tenho muitos primos.

Agora todo mundo anda muito ocupado ou vive longe, assim não vejo muito os meus parentes. É muito bom ter uma grande família, mesmo que não possamos ficar juntos.

O homem da farinha

O trabalho do papai, no gueto, é descarregar farinha nos armazéns e nas padarias. Mas, é claro, quase todo o pão branco vai para os alemães. Nossas rações incluem apenas pão preto.

Antes da guerra, papai trabalhava no comércio. Ele trabalhava muito e tinha uma vida confortável. Mas não éramos ricos.

Classe média — era como mamãe definia nossa família.

Meus pais se vestiam bem e iam ao teatro e ao cinema. Agora, quando papai chega do trabalho, nem ele nem mamãe vão a lugar nenhum.

Papai chega muito, muito cansado. Eu lhe dou um beijo no rosto sujo de farinha e até sinto o sabor, imaginando doces e bolachas. Em seguida mamãe dá a papai uma toalha para que ele possa se lavar antes da janta.

Pão mais uma vez.

O trabalho das mulheres

Mamãe e Dora trabalham numa fábrica de roupas íntimas para mulheres. Dora diz que as polonesas que vivem fora do gueto devem comer muito, porque algumas das calcinhas são muito, muito grandes.

Dora teve de mentir sobre sua idade para poder trabalhar. Disse que tinha catorze anos, embora tenha apenas doze. Meu pai havia dito que os alemães valorizam muito os judeus que podem trabalhar.

Durante o dia, enquanto nossos pais trabalham, Dora cuida de mim. Quando anoitece, ela vai trabalhar.

— Eu não tenho nenhum valor para os alemães? — pergunto a papai.

— Você tem muito valor para esta família — ele diz —, e isso basta.

VERÃO DE 1940

A cerca

Levantaram uma cerca ao nosso redor. Agora o gueto é uma gaiola com fios de ferro. Estamos presos.

— Bem — diz mamãe —, agora estamos protegidos dos poloneses.

— Não — diz papai —, agora estamos à mercê dos nazistas. Vão nos manter trancados aqui até decidirem como se livrar de nós.

Hava e Itka

Agora tenho novas amigas: Hava e Itka.

Brincamos de vestir nossas bonecas e às vezes de casinha. Uma vizinha nos fez três bonecas de pano com enchimento de folhas. Ela pintou o rosto delas com um lápis. Estamos aprendendo a costurar a roupa para nossas bonecas com uns retalhos de tecido. Hava é a melhor costureira, mas Itka é a mais esperta. O irmão menor de Hava está morrendo de câncer, por isso, para animá-la, damos a ela os melhores retalhos.

Comida

Estou com minha mãe na fila — comprida, muito comprida — que serpenteia diante da porta do mercado. Esperamos pra comprar nossa ração de pão preto. Cada pessoa recebe uma certa quantidade. Nunca o suficiente.

Estou pensando no verão que está chegando, quando as verduras que plantamos num pedacinho de terra no quintal estarão prontas para a colheita.

Então poderemos ter sopa para comer com nosso pão. Isso vai deixar mamãe feliz. Ela sempre tenta novas receitas com o pouco de comida que temos (mas com muito sal; por alguma razão, sempre há sal). No mercado tem verduras. E às vezes podemos comprar um pedacinho de carne, que fiquei sabendo que é de cavalo.

Num dia bom de trabalho, papai e os outros homens conseguem recolher farinha que cai dos furos dos sacos. Eles a trazem nos bolsos e, assim que acabam o serviço, misturam tudo o que guardaram, pesam e depois dividem igualmente entre todos.

— É importante ser honesto — diz papai.

Às vezes tem farinha suficiente para mamãe fazer macarrão. Espero que hoje seja um desses dias, porque, antes de chegarmos à fila do mercado, o dono gritou na porta:

— Acabou o pão! Deem o fora!

As cores do gueto

Vou de mãos dadas com papai a um lugar onde ele parece ter alguma espécie de negócio. As ruas estão lotadas, é incrível que haja ar suficiente para respirarmos. Enquanto papai me puxa, vejo sapatos marrons, calças marrons, vestidos marrons, chão marrom. Olho os edifícios marrons e a nuvem marrom de poeira e fumaça que paira no céu. Não há cores vivas no gueto, fora o amarelo das estrelas e o vermelho das poças de sangue de que me desvio ao passar.

— Mais fuzilamentos — papai diz com calma.

O rosto dele está cinza.

O guarda

Uniforme. Botas. Fuzil. Cigarro.
O guarda alemão está perto da cerca. Dora e eu temos que passar por ele quando vamos ao apartamento de tia Sara. Dora olha para a frente. Eu olho para meus pés, passo após passo. *Tum, tum*: meu coração dispara, mas meus pés andam como se não tivessem nada a temer.

Prefiro não pensar nas coisas que ouvi, como a história do menino que foi buscar pão. O guarda atirou nesse menino porque não gostou do modo como foi olhado por ele.

Ou como a da mulher que ficou louca, no meio de um ataque, saiu correndo até a cerca e foi baleada.

Ou a do homem que foi arrastado para fora de casa e fuzilado diante dos dois filhos. Ninguém sabe por quê.

Todas essas histórias acontecem ao longo da cerca. Mas há muitas outras que acontecem longe da cerca, no meio do gueto, que agora não me lembro, porque o guarda está levantando o braço (*para disparar sua arma?*) para acender seu cigarro, e eu devo continuar caminhando.

OUTONO DE 1940

Sem escola

Dora está particularmente chateada hoje. Senta na cama, roendo as unhas. Então pergunto:
— O que foi?
Ela faz uma cara azeda, por isso fico na minha. Mas aí ela diz que hoje seria o primeiro dia de aula.
Eu me lembro do primeiro dia de aula do ano passado. Dora, com um vestido novo, fazendo piruetas na cozinha, toda entusiasmada porque ia começar o fundamental II. Dora tinha muitos amigos, tanto meninas como meninos, e os professores também gostavam dela.
— Agora estou aqui — diz Dora —, trabalhando numa fábrica, cuidando da minha irmãzinha. Gostaria de saber se alguém no colégio sentiu falta de mim.
Minha irmã olha para as mãos. Rói. Rói.

Jardim de infância

Hoje teria sido meu primeiro dia no jardim de infância. Eu imagino o assoalho brilhante, as janelas ensolaradas, o quadro-negro limpo, e o professor sorrindo ao me dizer:
— Bom dia, Syvia!
Peço a Dora que me ensine o abc. Ela pega um graveto e traça as letras no chão. Dora não é muito sorridente, mas diz "muito bem" quando faço as coisas certas. Começa a chover. É

hora de voltar para casa, mas escorrego no barro e caio de bunda.

— Droga! — eu digo. — Estraguei a letra A.

Fico preocupada, acho que Dora vai brigar comigo porque me sujei, mas ela se senta na lama ao meu lado.

— E aí, em que letra me sentei? — ela pergunta.

— D — eu digo, mas é puro chute.

— Muito bem — responde minha irmã.

Caímos na risada, sentindo o barro borbulhar embaixo de nós.

Motos

Vrrrruuuummmmm... pot-pot-pot... vruuuummmmm!

As ruas se enchem de motos dirigidas por soldados nazistas. Elas passam zunindo por nosso edifício, deixando uma nuvem negra de fumaça.

— Dirigem como loucos — mamãe reclama.

Papai ri e diz:

— Por que essa gente vai respeitar as leis de trânsito se não dão a mínima para a vida humana?

Brincadeiras

Itka, Hava e eu ficamos olhando da janela um grupinho de meninos brincando com pedras. Para cima, para baixo. Para cima, para baixo. Eu não conheço as regras, sei que tem a ver com jogar as pedras no ar e depois pegá-las.

— Está vendo aquele? — Itka aponta. — O menino do boné preto? É contrabandista.

Ele passa por um buraco na cerca e vende coisas para os poloneses em troca de outras que traz para os judeus.

— Se o pegarem — diz Itka —, os alemães o matam.

— Na certa torturam antes — acrescenta Hava.

Olho o menino brincando com as pedras por um instante.

— Vamos brincar de boneca — eu digo.

Fomos.

Confecção de roupas

Às vezes ajudo as mulheres do meu edifício a fazer roupas. Me dão um suéter velho cheio de furos e eu o desmancho, puxando o fio. As mulheres usam o fio e retalhos para fazer vestidos e suéteres. Precisamos nos preparar, dizem elas, porque o inverno está chegando. Não há calefação no edifício. Eu sinto entre meus dedos o fio de lã, suave e firme — pronto para ajudar a nos aquecer.

INVERNO DE 1940

Luto

Vamos visitar a família de Hava: o irmão dela morreu. Estão sentados no apartamento escuro, iluminado apenas por uma vela. É a *shivá*, o tempo de luto judaico.
Hava está muito séria. Sua mãe soluça.
— Meus pêsames — diz papai.
Eu me sinto sufocada no meu vestido muito apertado e nas minhas meias de lã que coçam. Eu trouxe a boneca, mas agora vejo que não foi uma boa ideia. Não vamos brincar, é claro. Hoje, não.
Tive que carregar minha boneca nos braços até a casa de Hava, porque não tenho mais um carrinho. Papai teve de fazer lenha dele.
Morre muita gente neste gueto, não só o irmão de Hava. Mas ainda não morreu nenhum dos meus — minhas tias, tios e meus primos estão bem. Meus pais e minha irmã também.
Mas há pessoas morrendo à nossa volta, até mesmo em nosso edifício. Há muitos apartamentos no escuro em Lodz, caixas de dor e medo.
Quando voltei para casa, fechei bem os olhos e vi, em minha imaginação, uma bolha gigante descer flutuando do céu e envolver nosso apartamento e minha família. Por um instante me senti quase segura.

Rumkowski

No dia do pagamento papai traz algum dinheiro para casa. Mamãe e Dora também, um pouco. Botam as notas em pequenas pilhas na mesa. Eu pego uma — é nova, estala. É a "moeda corrente do gueto", com o rosto de um homem impresso.

— Quem é esse homem de cabelos brancos e macios?

— É Rumkowski — papai me diz.

Rumkowski é o *Judenalteste*, o mais velho dos judeus. Os nazistas o botaram no comando do gueto. Ele supervisiona as fábricas, os bancos, o correio e todos os alimentos. Ninguém sabe por que escolheram esse homem para falar por todos os judeus. O que sabemos é que quanto mais *Rumkies* tenhamos empilhados sobre a mesa, mais comeremos nesta semana.

Racionamento

Os cartões de racionamento dizem de quanta comida e provisões cada pessoa no gueto pode dispor. Como papai, mamãe e Dora trabalham, ganham todos os dias um prato de sopa de cevada, uma fatia de pão de forma, algum legume (quase sempre beterraba) e um pouco de uma água marrom que chamam de café.

Eu ganho as sobras que eles e os vizinhos guardam. Uma menina que está crescendo precisa comer, dizem, e me dão pedaços de coisas que não têm gosto de nada, como a comida que mamãe prepara em casa.

Antes…

Tínhamos tortas, sopas espessas com carne e macarrão, pão com geleia de frutas, até vagens. Eu não gostava de vagens, mas agora eu comeria todas.

Uma garota grande

Mudaram o turno de Dora na fábrica para o dia. Então, quando todo mundo está trabalhando de tarde, eu tenho de ficar no apartamento de algum vizinho. Posso sair de casa e andar por certos corredores e bater em certas portas, até que a avó ou a tia de alguém me deixe entrar.

— Você pode fazer isso agora que é uma menina grande de seis anos — diz mamãe.

— Eu tenho seis?

Sim, eu tenho. Meu aniversário foi na semana passada. Legal! Agora preciso das duas mãos para mostrar a Hava e a Itka quantos anos eu tenho. Ou é só contar as pontas da minha estrela amarela.

Seis deve ser um número muito importante!

Frio

Não gosto do inverno no gueto. Faz frio demais, não há comida suficiente e ninguém nunca está de bom humor. Às vezes, quando Dora está chateada ou irritada, me cutuca com uma farpa de arame.

— Se não fizer o que eu mando — ela diz sibilante —, homens do mal vão vir pegar você.

Ela fez isso umas duas vezes depois que me deitei, sua sombra pairando sobre mim, sua ameaça me gelando os ossos. Quase nunca me sinto aquecida no inverno.

PARTE DOIS

Durante 1941, milhares de judeus procedentes de outros países foram levados para o gueto de Lodz. Vinham principalmente da Alemanha, Áustria, Checoslováquia e Luxemburgo. As condições do gueto superlotado ficaram ainda piores. Muitas pessoas morreram doentes, muitas de tifo, ou congeladas. Mas o pior problema continuava sendo a fome. A ração média de comida para cada pessoa era de mil calorias. A qualidade da comida era muito baixa, o que ganhávamos estava podre, em geral, e a farinha estava cheia de terra, pedaços de vidro ou outras coisas estranhas.

Com a falta de combustível, o inverno foi especialmente duro para os moradores do gueto, mas todos em Lodz estavam lutando para sobreviver. Em 7 de dezembro de 1941, os Estados Unidos entraram na guerra depois do ataque japonês a Pearl Harbour, no Havaí. Enquanto a guerra assolava lá fora, piorava aquela imposta aos judeus dentro do gueto de Lodz.

PRIMAVERA DE 1941

Viver

A vida continua no gueto. A brisa da primavera sopra pela cerca de arame farpado. O humor melhora com o sol.
Sim, a vida continua no gueto. Há casamentos, danças e canções. Mães saem com os recém-nascidos para mostrar aos vizinhos. Os rostos cor-de-rosa enrolados em cobertores com a estrela amarela costurada.
A vida continua no gueto. Os adultos têm um ditado aqui:
— Viva um dia de cada vez, amanhã podemos virar comida de minhoca!

Desaparecimento

Hava desapareceu. Saiu para dar uma volta na rua e nunca mais foi vista.
Foi-se, sumiu, evaporou.
Onde ela está? O que houve? Alguém a levou? Ainda está viva? Por que Hava?
O gueto guarda zelosamente seus segredos, dá de ombros a essas perguntas.

Chá com a rainha

Itka veio ao meu apartamento, mas não falamos muito. Nossas bonecas falaram por nós.

A boneca de Itka: Onde anda nossa amiga hoje?
Minha boneca: Não sei.
A boneca de Itka: Vai ver, tinha outro compromisso.
Minha boneca: Como? Mais importante que nosso chá semanal?
Silêncio.
A boneca de Itka: Na certa tinha um encontro com a rainha.
Minha boneca: Mas é claro! Chá com a rainha é um bom motivo.
Nossas bonecas confirmam com a cabeça, satisfeitas.

Itka e eu nos sentamos direto no chão e nos imaginamos em cadeiras reais forradas de veludo, com xícaras incrustadas de pedras preciosas. Hava e sua boneca mordiscam sanduíches entre goles.

Claro, bem no fundo sabemos que as rainhas não convidam as meninas judias para tomar chá.

Dois lados

É hora de dormir, mas ninguém está disposto a ir para a cama. Meus pais discutem na cozinha. Dora e eu escutamos na sala. Mamãe diz:

— Syvia não irá a lugar nenhum sem um de nós.

Ela bate numa panela com uma colher para dar mais ênfase.

— Impossível — diz papai. — Como quer que fique trancada o dia todo enquanto trabalhamos? É quente demais, solitário demais.

— Mas é perigoso demais — diz mamãe.

Eles vão e voltam: sim, não (bate na panela), sim, não (bate na panela). Por fim, vou até papai, puxo a manga dele e digo:

— Não me importo de ficar aqui. Não quero que mamãe se preocupe.

Dora revira os olhos para mim, faz caras e bocas. Menina-modelo!

A verdade é que não quero sair sozinha. Mas também não quero que papai pense que não sou valente.

Sonhos

Naquela noite, acordo com Dora me cutucando.
— Psiuuu — ela cochicha —, vem cá.
Passo por cima da mamãe, cuidando para não chutar papai nem tropeçar na cama de Dora.
— Vem logo — Dora diz.
E nos cobrimos com o cobertor fino. Daqui a noite parece diferente, mais para adultos. Dora me diz que teve um pesadelo em que eu desaparecia, como Hava.
— Nós te procuramos um tempão, mas você não estava em lugar nenhum — ela diz com voz trêmula e fanhosa, de um jeito que não parecia a Dora.
Um pouco antes de dormirmos de novo, Dora me dá um abraço.
— Eu protejo você, nanica — me sussurra com raiva.
Não me importo que me chame de *nanica*. Não sinto frio e estou louca de sono, a caminho de bons sonhos.

Meu dia (*agora que não me deixam sair de casa*)

Acordo.
Dou bom-dia a mamãe, a papai e a Dora quando eles saem para trabalhar.
Me visto.
Como (sobras de sopa ou de pão ou de café aguado).
Limpo a casa. Faço as camas, tiro o pó, escovo, troco coisas de lugar, boto no mesmo lugar de novo, lavo, limpo, esfrego, examino.
Brinco com minha boneca.
Almoço (resto de sopa ou verdura ou café aguado).
Me deito e olho os desenhos das rachaduras no teto. Invento histórias com eles.

Brinco com minha boneca.
Vou visitar algum vizinho.
A família volta para casa!
Jantamos (sopa ou verdura e café aguado).
Durmo.

Adeus, poeira!

Às vezes eu limpo e canto uma canção:
— Adeus, poeira! Oi, limpeza! Ei, teia no canto, você não vai me escapar!
É muito legal quando mamãe traz panos novos de limpeza!

VERÃO DE 1941

A lei

Hava continua desaparecida. Mas não é a única. Todo dia os vizinhos cochicham sobre quem sumiu, quem está doente, quem morreu ou quem foi assassinado. Poderia ser uma pessoa mais velha ou um bebê ou qualquer um.

Os soldados alemães (nazistas) que nos mantêm aqui não se preocupam se estamos doente ou famintos, vivos ou mortos. Eles batem nas pessoas e as matam a tiros na frente de todo mundo, e ninguém pode dizer nada, porque os nazistas são a lei.

Eu não compreendo isso. Como uma pessoa pode matar outra? Me dói o coração. Não quero que minha família morra, nem meus amigos. Não quero que um nazista me veja e pense:

— Judia.

Porque então eu também poderia morrer.

A mulher da casa

Dora e eu vamos visitar tia Sara. O sol me faz cócegas na pele branca, depois queima. Temos de andar ao longo da cerca. Dora encontra uma garota que conhece do trabalho, e as duas param para conversar. Dá para ver onde os poloneses vivem, do lado de lá da cerca. Aqueles que não são judeus.

Vejo uma casa branca com gerânios vermelhos na frente. *Como será ter flores no jardim? Nós só temos legumes.*

Parece um sonho viver fora do gueto. As casas parecem tão claras e limpas.

Uma mulher sai da casa branca com um cachorro. Eu gostaria de ter um cachorro, mas não há animais de estimação no gueto, é claro.

Seriam mortos pela carne.

Às vezes não há guardas em alguns lugares ao longo da cerca. Uma pessoa poderia escapar por entre os arames farpados. Mas, mesmo que um soldado não atirasse, mesmo que você conseguisse fugir, um polonês veria e chamaria a polícia nazista. Ela mataria você.

É triste pensar que a mulher que vive na casa branca faria uma coisa dessas, mas ela faria, mesmo que seja boazinha com seu cachorro.

Outra perda

Mais notícias ruins. Minha boneca sumiu. Quando pergunto a papai e a mamãe onde ela está, me mandam ficar quieta. Mas os olhos de papai estão tristes. Eu sei, de alguma maneira, que ele a vendeu, como teve de vender outras coisas, em troca de dinheiro e comida.

Eu me esforço muito pra não fazer um berreiro e digo a mim mesma:

— *Agora eu sou uma garota grande. Não brinco mais de boneca.*

Claro que não é verdade. Não há melhor amiga que uma boneca. Que *minha* boneca.

Fiquei sete dias de luto. Depois fiz outra boneca com uns retalhos e dois botões.

OUTONO DE 1941

Amor

Dora voltou muito chateada do trabalho. Mamãe e papai estão cansados. Eu tenho saudade da minha boneca verdadeira. E estamos famintos. Mas não temos comida suficiente para o jantar. Mamãe não toca em sua refeição. Em vez disso, ela a dá para mim. Ela não diz "eu amo você" entre abraços ou beijos, mas seu amor enche meu prato, e eu como tudo.

Papai diz que mamãe é uma mulher generosa. Ele me fala:
— Sua mãe lhe deu a vida com dor, e com dor continua dando.

Penso nas palavras de papai enquanto termino minha sopa:
— *Doeu para a mamãe me ganhar? Por quê? Eu não saí facilzinho do seu umbigo?*

Acho que pensei essas palavras em voz alta, porque de repente todos ficaram me olhando. E caíram na risada. Papai, Dora, até mamãe.

— Syvia, você é um calmante para a nossa dor — diz papai, e todos sorriem para mim. O amor deles enche o ar ao meu redor, e eu respiro fundo.

Fome

Comida, lenha e carvão foram racionados mais ainda. Todo mundo diz:
— Como vamos passar o inverno?

E parece que vão trazer mais vinte mil pessoas para o gueto.

Eu sinto fome o tempo todo agora, e todos estamos muito magros. Dora, que está muito legal comigo nesses dias, me conta como é o gosto da manteiga, dos ovos, do leite, do chocolate. Ela diz que espera que eu engorde um pouco com suas palavras.

INVERNO DE 1941

Imaginando

O inverno acaba com famílias inteiras. Também acabou com os legumes que cultivamos em nosso pátio o verão todo. Não eram tantos assim para durar até o fim do outono. Agora a terra está nua e congelada.

Minha família está fraca e faminta, mas ainda estamos juntos, ainda estamos vivos.

Os dias parecem não acabar nunca. Uma vez, quando estava sozinha no apartamento, pensei que poderia congelar até a morte. Então encontrei embaixo do colchão um precioso palito de fósforo. Eu acendi uma lamparina, aproximei meu rosto dela e fechei os olhos.

Eu estou na praia tomando sol. As ondas mornas e azuis vão e vêm com a maré.

Sentada, eu curto os raios do meu sol de mentira por muito, muito tempo, até que a lamparina se apaga e é inverno de novo.

PARTE TRÊS

Em janeiro de 1942, os nazistas começaram as deportações das pessoas do gueto de Lodz. Eles metiam as pessoas nos vagões dos trens dizendo que precisavam que trabalhassem em outros lugares.

Era mentira.

Os nazistas tinham planejado sua "solução final" para o problema judaico. Eles construíram campos de concentração, chamados também de campos de extermínio. Os guetos eram como currais, onde os nazistas mantinham os judeus presos até decidir o que fazer com eles. Os campos de extermínio eram a resposta. Neles havia as câmaras de gás, onde judeus eram sufocados até a morte. Depois, os cadáveres eram amontoados em fornos e queimados até restar só cinzas.

A partir de 16 de janeiro de 1942, os deportados do gueto de Lodz iam diretamente para o campo de extermínio de Chelmno. Nos quatro meses seguintes, 55 mil judeus e 5 mil ciganos foram levados para Chelmno.

Por um tempo, as deportações pararam. Depois, em setembro, recomeçaram. Mas dessa vez foi pior. Os soldados alemães entravam no gueto e arrastavam os judeus de suas casas, dos hospitais, até das ruas. Os alemães estabeleceram o toque de recolher no gueto, a Gehsperre (proibição de circulação), que os sobreviventes daquela época brutal chamavam de Sperre, a proibição.

O principal objetivo da Sperre eram as crianças menores de dez anos e os adultos com mais de sessenta e cinco. Chaim Rumkowski, o líder dos judeus no gueto, deu a notícia de que as crianças seriam levadas.

— Para proteger o corpo, tenho que amputar os membros — ele

falou. Queria dizer que teve de deixar que levassem as crianças para salvar os demais.

Disseram aos pais que seus filhos foram para um lugar melhor, mais seguro. Outra mentira. Foram levados para morrer no campo de extermínio de Chelmno.

INVERNO DE 1942

Novas preocupações

Uuuuuuuu! Uuuuuuuu!
Agora, ouço todos os dias o apito de um trem ao longe. Começaram as deportações.
— O que são deportações? — pergunto a papai.
— Os nazistas estão levando as pessoas do gueto — papai explica. — Levam de trem para outros lugares, onde precisam de trabalhadores.
— Ah! — ouço Dora resmungar. Ela levanta os olhos do remendo que está fazendo. — Na fábrica dizem que os nazistas levam as pessoas para os campos da morte.
Campos da morte?
— Psiuuu... — mamãe corta na hora. — Não na frente da menina.
Papai olha atravessado para minha irmã.
— Dora, não repita essas besteiras. Você nem sabe da verdade. Eles precisam de mais trabalhadores em outros lugares. As crianças não devem pensar nessas coisas. Certo, Dora? Syvia?
— Certo — eu digo.
— Se precisam de bons trabalhadores — Dora resmunga —, por que metem centenas de pessoas em vagões como se fossem gado? Querem que os bons trabalhadores sufoquem?
— Dora! — diz mamãe.
— Chega! — diz papai.
E todos nós ficamos em silêncio.

53

Convite de casamento

Muita gente está recebendo uns papeizinhos que dizem: "Apresente-se na estação de trem..." num determinado dia, numa determinada hora.

Todo mundo na vizinhança chama esses papeizinhos de "convite de casamento". E ficam gozando uns aos outros.

— Já convidaram você para o casamento?
— Não, ainda não, e você?
Eu me pergunto:
— Mas esses trens vão para onde mesmo?

Há fofocas, exageros, histórias, mas as pessoas jogam conversa fora e falam de casamento.

Uma noite feliz

Que legal! Itka e seus pais nos visitaram esta tarde. Itka e eu brincamos de nos vestir com os casacos e os sapatos de nossas mães. Até Dora parece de bom humor. Ela enrola o lenço de mamãe na cabeça e segura nossas mãos enquanto dançamos em círculo. Rodopiamos e rodopiamos. Até que um dos sapatos de mamãe voa de meu pé e bate na parede. Nós três tiramos os sapatos e dançamos mais um pouco de meias. Nossos pais bebem café aguado e falam em voz baixa. Itka e eu comparamos nossos pés (o meu é maior e mais ossudo). Então os pais de Itka dizem que é hora de ir.

— Obrigada por vir — digo com minha melhor voz de anfitriã.
— Tchau, Syvia! — me diz Itka sorrindo e acenando com a mão.
— Tchau, até breve!

Sem amigas

A última noite com Itka foi a mais feliz, mas hoje é o dia mais triste. Mais triste. Mais triste. Mais triste.

Papai me pegou no colo e me contou isto: quando voltava para casa do trabalho, passou pela estação de trem e viu o rosto de Itka numa das janelas de um vagão. Ela olhava para fora enquanto o trem se afastava.

Papai me disse que a família de Itka tinha recebido uma intimação no começo da semana.

Eu penso em Itka num vagão lotado de gente e em Hava, que desapareceu na rua. Não tenho mais amigas. Nem posso escrever uma carta a Hava nem a Itka para falar da saudade que sinto delas, porque não sei a que endereço enviar.

Silêncio

Um dia não toca o apito do trem. Depois de três meses apitando, as deportações pararam. Minha família nunca recebeu um convite de casamento. Continuamos no gueto.

Isso é uma coisa boa?

Acho que sim. Aqui sabemos pelo que esperar. Quer dizer, mais ou menos.

VERÃO DE 1942

Vagens contadas

O verão voltou — dias quentes, noites suadas. Agora eu tenho oito anos e meio de idade. Meio é uma fração, diz Dora. Fração é uma parte do todo.

Como é verão, estamos colhendo alguns legumes em nosso pedaço de pátio. Dora divide uma vagem mirrada em dois pedaços. Ela põe um na boca.

— Isso é a metade — me explica.

Bota o outro pedaço na minha boca. Duas metades. *Se eu estivesse na escola*, me pergunto, *seria boa em matemática?*

— Eu preferia ter metade de um bolo de creme — diz Dora. — E se você se comportasse direito, eu lhe daria a outra metade.

Minha irmã é muito legal.

Neste verão comemos um monte de frações.

Más notícias

Não. Oh, não. Os nazistas fizeram um novo comunicado. É terrível demais pensar nisso, então me escondo embaixo da colcha da cama grande enquanto meus pais falam.

— O que vamos fazer, Isaac?

— Não sei, não.

— Não podemos deixar que a levem.

— Não vamos deixar que a levem.

— Mas como?
— Não sei, não sei mesmo. Temos de fazer alguma coisa.
Sou como um urso na caverna, a salvo das tempestades furiosas que me rodeiam. Me escondo mais profundamente na cama e adormeço.

Adeus, crianças!

Entreguem as crianças, os nazistas dizem. Nós as levaremos para um lugar onde terão comida e ar fresco. Olhem, pais, a sorte que vocês têm!, os nazistas dizem. Não precisam mais se preocupar com as crianças enquanto trabalham. Nós cuidaremos delas.
Todas as crianças judias devem se apresentar na estação de trem para a deportação imediata. O trem parte diariamente ao meio-dia, os nazistas dizem.
Repetimos: todas as crianças judias devem se apresentar imediatamente na estação. Todas as crianças judias.

Atrás das crianças

Cuidado, batidas!
Os soldados vão de porta em porta e batem com seus punhos de luvas negras. Não param até que alguém os deixe entrar.
— Onde estão as crianças? Entreguem as crianças!
Vêm de noite, espalhando o terror nos bairros: chutam as portas com seus coturnos pesados, procuram de peça em peça, puxam as crianças para fora dos armários ou de debaixo das camas, arrancam as crianças dos braços dos pais e arrastam-nas para longe.
Crianças pequenas. Crianças maiores. Crianças chorando. Se os pais tentam parar os soldados: *pum! pum!* Os soldados atiram para matar.

A história de uma mãe

A cada noite os soldados chegam mais e mais perto do nosso bairro.

A poucas quadras de distância, uma prima do marido de minha tia estava em casa com seus dois filhos — um de doze anos e o outro de quatro. Os nazistas irrompem na casa e dizem:

— Entregue as crianças!

Mas a prima do marido da minha tia não entregou. Ela as segurava firme entre seus braços.

Um soldado disse:

— Não temos tempo para bobagens. Mate-as agora mesmo.

O outro soldado disse:

— Não, só precisamos levar mais uma viva esta noite. Além do mais, temos poucas balas.

Então ele disse à mulher:

— Está com sorte hoje. Você pode ficar com um de seus filhos, que não mataremos ninguém.

A mulher teve de escolher. Em seguida eles levaram uma das crianças.

Como minha tia contou mais tarde, a mulher pensou que o filho mais velho teria mais chances de sobreviver no gueto. Então entregou o menor.

— Talvez tratem melhor uma criança tão pequena.

Uma menina

Esta é a história que eu inventei:

Os nazistas vêm ao nosso edifício. Ouvimos os passos pesados deles ressoando no corredor. Então se dão conta de que já passou da hora de comer, e têm muita fome. Eles resolvem ir para o quartel, onde têm salsichas. E esquecem de voltar.

Dora disse que papai está bolando um plano, mas não sabe qual é. Minha irmã tem uns papéis que provam que ela tem um trabalho. Nos papéis consta que é mais velha do que realmente é, por isso os soldados não vão levá-la.

Quando vierem ao nosso edifício, ao nosso apartamento, eles só vão encontrar uma criança para levar.

Eu.

Eles estão aqui

Uma noite, quando estávamos terminando nossa sopa... eles chegaram. Os nazistas. Bem, não chegaram exatamente aqui, mas numa rua logo ali, perto o suficiente para que a gente ouça os gritos pela janela aberta.

— Syvia — diz papai. — Vem cá.

Não posso me mexer. Minhas pernas pararam de funcionar.

— Vá com seu pai — diz mamãe. A voz dela é firme mas carinhosa.

Eu vou com papai. Ele me bota o casaco e o gorro, e diz:

— Vamos.

Dora nos observa com olhos arregalados. Ela morde uma mecha de cabelo, depois me dá um sorriso amarelo e tchau com os dedos.

Então papai me pega pela mão, e saímos pela porta, para a noite escura.

Fuga

Atravessamos o corredor, descemos a escada, saímos pela porta da frente.

— Vamos, vamos, ligeiro. Sem um pio.

Do outro lado da rua, há um muro alto de tijolos que separa nosso bairro de um cemitério velho.

— Vamos, pule. Estou aqui atrás de você.

Papai me bota em cima do muro, eu salto. *Tumm!* — minhas mãos e meus joelhos batem no chão duro. Papai também pula o muro.

— Vamos, por aqui! Vamos, rápido!

Papai me levanta e me pega pela mão de novo, e começamos a correr. É noite mas a lua brilha. Há luz suficiente para ver as filas de lápides cinzentas.

Papai me puxa, desviando das sepulturas até que para. Eu paro também. Estamos ao lado de uma lápide um pouco mais alta e larga do que a maioria das outras que vi.

Papai se ajoelha e puxa alguma coisa de trás da lápide. Uma pá.

— Papai, o quê...? Hein?

Fiquei sem fôlego depois de correr. Papai leva um dedo à boca para pedir silêncio. Então me calo e observo papai cravar a pá na terra macia.

O buraco

Papai cava sem parar. Ele trabalha rápido, até fazer um buraco raso cercado pelo monte de terra que tirou. Por fim para e me olha.

— Syvia — ele sussurra —, entre aí e se deite. Você vai se esconder aí esta noite.

Me enfiar nesse buraco? Sozinha?

Eu quero obedecer a papai, quero mesmo, porque eu sempre faço o que ele me pede. Eu sou uma boa menina. Mas estou num cemitério, no escuro — não posso deixar de pensar em coisas assustadoras, como em gente morta e nazistas. Então, em vez de deitar no buraco, eu grito:

— Não, não!

Não posso parar:

— Não, não!

— Syvia! — papai me abraça às pressas.

Meu rosto se cola contra o peito dele, o que abafa meus gritos. Um botão se crava com força na minha bochecha e sinto o gosto da lã velha do casaco. Paro de gritar, fecho a boca.

Mas não posso sufocar meus sentimentos depois de tantos meses bancando a valente. Eu simplesmente não posso ficar calada.

— Não quero morrer, papai! — eu soluço. — Eu não quero morrer!
Papai continua me abraçando por outro minuto e então diz:
— Eu me escondo com você.
Ele me solta e cava de novo. Cava, tira a terra. Cava, tira a terra. Cava, tira a terra. Paro de chorar e vejo que o buraco está maior.
Papai larga a pá e entra no buraco. Então ele se deita.
— Viu? — diz ele. — Não é tão ruim.

O esconderijo

Pulo para dentro e me deito com papai. Me viro de lado. O buraco é fundo o suficiente para que eu não possa ver por cima da borda. Mas mal dá para ocultar uma pessoa ou duas.
Papai bota a mão no meu ombro.
— Tudo bem, minha gatinha — ele murmura.
E então não falamos mais. A única coisa que ouço é meu coração batendo — muito rápido, depois menos rápido, depois devagar. Dali a pouco ouço outros barulhos, mas não é nada, não.
Um cemitério à noite é muito tranquilo.

Pensamentos assustadores

Meu corpo está imóvel, mas minha cabeça voa.
Quero minha mãe. Quero minha boneca.
Eu quero estar em qualquer lugar, menos deitada no escuro, no frio, na umidade do túmulo de alguém.
Mesmo com papai aqui, eu ainda tenho medo. O que acontece se os nazistas descobrem que há uma menina em nosso apartamento? Eles vão dizer a mamãe e Dora:
— Cadê a menina? Me entreguem a menina!
Então eles vão ficar cheios de raiva porque eu não estou lá. E se os soldados saírem atrás de mim? Se, depois de procurar

por aí, eles finalmente encontrarem a mim e papai? E se existem mesmo fantasmas e zumbis andando pela noite?

Uma cama digna de um rei

Depois de um tempo, caí no sono. Quando acordo, papai ronca um pouco. Saio com cuidado de debaixo do braço dele e me deito de costas no buraco.

No começo vejo tudo preto, depois uns reflexos cinza, à medida que o céu clareia e a noite se transforma em dia.

Papai se senta ao meu lado.

— Bom dia, Syvia — ele sussurra. — Muito legal passar a noite numa cama digna de um rei.

Sorrio com a brincadeira.

— Já podemos ir? — eu sussurro. — Hein?

— Não se mexa — diz papai, sem responder minha pergunta. Devagarinho, em silêncio, ele se ergue e olha ao redor.

Zaz!

Papai se mete de novo no buraco.

— Ainda não, Syvia — diz ele.

Então ele me conta uma coisa em que não posso acreditar. Quando papai se levantou, ele pôde ver nosso edifício! A janela do nosso apartamento dá para o muro do cemitério, e daqui ele pode ver o lençol branco que está pendurado nela.

— O lençol branco — papai sussurra — é um sinal. Combinei com sua mãe que ela penduraria o lençol se os alemães estivessem por perto. Quando não houver perigo, ela o tira.

Papai diz que escolheu esse túmulo há semanas. Mas que rezou para nunca ter que usá-lo.

— Agora chega de papo — diz papai. — Vamos esperar.

A espera

Terra marrom com manchas bege e brancas. Minha mão direita com as unhas grandes. Um botão preto numa das mangas do casaco de papai. Uma farpa do cabo da vassoura cravada na minha mão esquerda. Essas são as coisas que posso ver enquanto estou no buraco.

Quando eu olho para a ponta do meu nariz, fico vesga. Posso prender a respiração até contar quarenta. A costura do meu colarinho está desfeita e precisa de conserto. Uma noite e um dia podem durar muito tempo. Essas são as coisas que aprendo enquanto estou no buraco.

Papai passa o dia olhando de tanto em tanto, mas o lençol continua lá. Então, bem quando o sol começa a se pôr...

— Syvia! Syvia!

É Dora! Ouço a voz dela, não muito longe! Papai salta. O lençol foi tirado! Agora posso me levantar. Ali está Dora, procurando pelo túmulo.

— Syvia! Papai! — Dora corre para nós. — Não consegui esperar! Os alemães se foram. Mamãe disse para eu vir avisar.

Estou a salvo. Estou toda dura, toda dolorida. Mas estou a salvo.

— Vamos — diz Dora. — Este lugar me dá calafrios.

Os outros

— Olhe, olhe ali!

Não muito longe, um menino sai de um túmulo. E uma mulher, que segura uma menina pequena pela mão, rasteja para fora de outro.

Na volta para casa, cruzamos com outras crianças e adultos. Também estavam escondidos esse tempo todo. Não estávamos sós, esse tempo todo.

Pelos gritos de Dora eles souberam que podiam sair. Estavam a salvo. Pelo menos por mais um dia.

Enquanto estávamos escondidos

Os soldados vieram ao apartamento e procuraram embaixo da cama. Então, sem dizer uma palavra a mamãe ou Dora, saíram batendo a porta com um estrondo e foram atrás de outra família. Mas ficaram pelo bairro a noite toda e no dia seguinte. Eles procuravam, fumavam cigarros no meio da rua, riam alto, às vezes levavam uma criança e depois voltavam para procurar mais.

— Achei que nunca iriam embora — diz Dora.

— Espero que não voltem nunca — eu digo.

Mas papai diz que suas fontes afirmam que os nazistas vão voltar muitas vezes até terem certeza de que não há mais crianças.

— Syvia e eu ainda podemos passar mais uns tempos sob as estrelas — papai nos diz.

Ele fala meio na brincadeira, eu sei, porque no cemitério não havia estrelas no céu. Só a fumaça escura das fábricas.

Bons ouvidos

— O que são fontes? — pergunto a papai, mais tarde. — O senhor disse que suas fontes contam coisas sobre os nazistas. Talvez essas fontes se enganem.

— Minhas fontes são pessoas com bons ouvidos — diz papai. — Tenho certeza de que estão certos sobre o que me disseram.

Puxa, eu penso. *Quem sabe eu também possa ser uma fonte quando crescer.*

É que tenho bons ouvidos. Muitas vezes eu ouvi através das paredes os vizinhos discutindo, e uma vez eu ouvi papai sussurrar para mamãe do outro lado do apartamento que ela era uma cozinheira sensacional. Mas, vai ver, nem sempre é legal ter bons ouvidos, porque acabei de ouvir o apito do trem e agora penso em todas as crianças que foram caçadas ontem à noite pelos soldados. As crianças que estão no trem nesse exato momento.

Tapo as orelhas com minhas mãos para não ouvir.

Mais noites

Papai e eu passamos outras noites no cemitério, até que, um dia, os nazistas descobriram o esconderijo.

— Corre! — papai me fala na noite em que os nazistas chegam, e fugimos juntos do buraco, saltamos o muro, voltamos para a rua. — A sorte — papai diz — é que os soldados começaram a procurar pelos túmulos do outro lado.

Mal tivemos tempo de encontrar uma escada para um porão numa ruazinha lateral. Ninguém vai nos encontrar.

Agora papai procura lugares novos para me esconder de dia, durante suas andanças no trabalho. Mas sempre fugimos à noite quando bandos de nazistas aparecem no bairro.

Escadas. Becos. Cantos e desvãos apertados.

Papai e eu aprendemos a cochilar nas situações mais desconfortáveis. É assim que ele chama nossas noites.

— E aí? — papai me pergunta. — Está preparada pra mais situações desconfortáveis?

Mamãe não gosta que ele brinque com isso. Então ele me pergunta só depois que saímos de casa.

Antes de irmos, todos ficam sérios. Todos nós sabemos, sem que seja preciso dizer, que papai e eu podemos não voltar. Mas saímos todas as noites, por várias semanas, e papai continua com suas brincadeiras. E na manhã seguinte voltamos para nossa família. A salvos.

Dançando um pouco

Os nazistas fazem um novo comunicado: nada mais de buscas noturnas! Nada mais de deportações! Esta é a boa notícia. Mal ouço isso, começo a dançar um pouco.

Lalari-lalará! Nada mais de se esconder lá fora. *Lalari-lalará!* Nada mais de medo do escuro — esta noite vou poder dormir na cama com meus pais. *Lalari-lalará!*

Aí ouço as más notícias, e minha dança acaba.

As más notícias

As buscas e as deportações acabaram porque acabaram as crianças.

Todas?
O gueto é uma gaiola que prende pais com uma tristeza selvagem. E tudo o que eles podem fazer é esperar e rezar para que os nazistas tenham sido corretos, que as crianças estejam num lugar melhor.

Dora diz que na fábrica ela também tem que fingir que está muito triste, porque ninguém sabe que sua irmã ainda está aqui. Todo mundo acha que os soldados encontraram todos os meninos, todas as meninas, todos os bebês, e que os levaram.

Todos?
— Quase todos — diz papai. — A irmã da mamãe, Rose, ainda tem sua filha Mina escondida no gueto. Hana, a mulher do meu irmão Haskel, ainda não ganhou o bebê, por isso ele está em segurança. E aqui, Syvia, está você, é claro. Tomara que haja outras. — Mas ele inclina o rosto para baixo, quando diz isso. — Os outros irmãos da sua mãe não tiveram tanta sorte. Levaram os dois filhos da Sara e do Samuel. Espero que estejam bem.

Calmo demais

Dora diz que é estranho andar pelas ruas e não ver nenhuma criança nem ouvir o choro de nenhum bebê. Eu não entendo. Não me deixam sair mais, nem de dia, nem com minha família.

As novas regras

Estas são as novas regras: ninguém deve ver Syvia. Ninguém deve ouvir Syvia. Ninguém deve saber que ela está aqui.

Ela deve ficar no apartamento o tempo todo. Ela não deve fazer barulho ou gritar quando brinca. Ela deve ficar longe da janela, a menos que a cortina esteja fechada.

— Por quanto tempo? — pergunto a papai, tentando parecer corajosa.

— Até... Até... — papai faz uma pausa e olha para o teto, como se a resposta estivesse lá em cima.

Por fim, me diz que não sabe o que me dizer. Vivemos numa época em que não dá para falar sobre o futuro, temos de seguir dia a dia, confiantes de que isso tudo acabe, de que nos espera uma vida melhor.

Mais tarde penso no que papai me disse. Tento imaginar uma vida melhor, mas é difícil — vivo essa há muito tempo. Fecho meus olhos com força e vejo, dentro de minhas pálpebras, um belo almoço com carne, batatas e leite. Vejo também sapatos novinhos e uma bicicleta vermelha com uma cesta e uma sineta.

Sim, eu penso, *você vai aprender a andar de bicicleta nessa outra vida. Talvez até ande rápido.*

Conversas com Dora

Dora diz que sente muita pena de mim porque tenho de ficar em casa o tempo todo. Então, quando volta, conta piadas e histórias divertidas para me animar. De tardezinha nos sentamos na cama dela e conversamos. Ela me fala da fábrica. Agora estão fazendo armas e balas para que os nazistas vençam a guerra.

Dora acha que os nazistas querem dominar o mundo. Eles pensam que são superiores a todos e odeiam especialmente os judeus.

— Por que nos odeiam tanto? — eu quero saber. Já perguntei antes, mas talvez compreenda melhor agora que sou mais velha.

— Acham que matamos seu Deus — responde Dora.

Não entendo nada, porque ninguém que eu conheço matou alguém. Daí fico mais preocupada.

— Deus está morto? — eu digo.

— Nosso Deus não, *o Deus deles* — diz Dora

Continuo confusa, mas aliviada.

Então tenho outra preocupação:

Se Deus está morto, quem vai governar o mundo? Tomara que não sejam os nazistas.

Quero perguntar a Dora, mas ela cai no sono.

Brincadeiras

Minhas brincadeiras para passar o tempo:

Brincadeira nº 1: "Vistas diferentes". Para poder brincar, eu me deito em várias partes do apartamento e fico olhando para pontos diferentes. Às vezes deitada de costas, às vezes de lado, às vezes de bruços.

Minha vista favorita é dos sapatos alinhados perto da porta. A de debaixo da cama é a que gosto menos. Escura demais.

Brincadeira nº 2: "Bonecas de poeira". Faço famílias com bolas de poeira. Sempre há uma mãe, um pai e montes de crianças. O menor punhado de poeira é um bebê. Eu assopro suavemente para as pessoas se moverem. Eu me sinto meio culpada, no fim dessa brincadeira, quando tenho de varrer tudo.

Brincadeira nº 3: "Lições". Pela noite, peço a Dora que me ensine coisas, como somar, diminuir ou soletrar. Assim, no dia seguinte, posso repetir a lição na minha cabeça várias vezes.

Eu gosto das minhas brincadeiras, mas preferia ter alguém para brincar comigo.

PARTE QUATRO

Em 1943, os moradores do gueto de Lodz já tinham ouvido rumores sobre os campos de extermínio nazistas. A maioria não acreditava nas garantias de Rumkowski de que tudo estava sob controle. Rumkowski sempre dizia aos judeus que eram necessários aos nazistas enquanto continuassem trabalhando e produzindo. No gueto de Lodz havia 96 fábricas com mais de 70 mil trabalhadores. A maioria das fábricas era têxtil. Mas algumas eram de munições.

Os homens e as mulheres do gueto tentavam se convencer de que seu trabalho era realmente imprescindível, de que os nazistas não iriam lhes fazer mal.

No gueto de Lodz, algumas pessoas tentaram formar grupos clandestinos para combater os nazistas. Mas era impossível organizar alguma coisa prática.

Na capital, Varsóvia, a resistência teve mais sucesso. Depois de ver a população da cidade diminuir de 350 mil pessoas para menos de 35 mil, alguns dos judeus que sobraram resolveram lutar. Organizaram levantes usando armas e bombas caseiras. Pela primeira vez, desde o começo da guerra, judeus mataram alemães. As tropas alemãs retaliaram, é claro. Em abril de 1943, soldados alemães botaram fogo no gueto e ficaram assistindo ao incêndio. Muitos judeus morreram queimados e outros foram baleados pelos nazistas enquanto tentavam fugir.

A história heroica de Varsóvia se espalhou entre os moradores de Lodz. Eles vibraram em silêncio com a coragem dos judeus que lutaram, mesmo que tenham chorado a morte de tantos deles.

INVERNO DE 1942-PRIMAVERA DE 1944

Lá se vão quase dois anos

Dias e mais dias que se tornam semanas e as semanas, meses. Cada dia parece o mesmo, fora pelo clima. Ele muda com as estações. Às vezes faz um frio de rachar em nosso apartamento, às vezes ferve de calor.

Outro gueto

Às vezes me esqueço de que há outras pessoas fora do nosso gueto.

Dora diz que em outra cidade, em nossa capital, há outro gueto maior ainda que o nosso. É o gueto de Varsóvia, e ali está acontecendo uma coisa incrível. Judeus estão contra-atacando.

Dora diz que os judeus se rebelaram com armas, bombas e granadas roubadas. Eles mataram alguns soldados! Dora falou que os planos dos combatentes da resistência são "subterrâneos".

Eu os imagino como formigas em túneis na terra, com as armas. Mas Dora me explica que não é esse tipo de subterrâneo.

Ainda assim eu não posso evitar de perguntar o que está acontecendo embaixo da terra em Lodz. Dora diz que quase nada.

Mocinha

Eu estou mais alta e mais magra. Mamãe se preocupa porque estou um verdadeiro esqueleto, mas ela não está melhor do que eu. Há pouca comida, e às vezes ficamos loucos de fome. A vida no gueto é uma espécie de sonambulismo. Estamos todos muito fracos e temos a mente embaralhada.

Há pouco mudaram as regras de novo. Agora se permite uma criança por família. Talvez os nazistas tenham resolvido não se preocupar, por serem incapazes de controlar todos os recém-nascidos. Depois, é claro, eles acham que não há crianças maiores.

A regra nova não mudou muito as coisas, não, porque mamãe diz que sair de casa ainda é muito perigoso para mim. Há muita sujeira, doença, tristeza, mas eu me sinto melhor sabendo que se sair não estou infringindo nenhuma norma.

Eu fiz meu oitavo aniversário escondida. Logo vem o nono.

O tempo passa, e nós com ele.

PARTE CINCO

Em meados de 1944 todos os guetos, fora o de Lodz, tinham sido destruídos. Rumkowski repetia que Lodz sobrevivera por causa de seus bons trabalhadores. Mas então os nazistas pediram voluntários para limpar cidades que tinham sido bombardeadas na Alemanha. Os judeus de Lodz acharam o pedido suspeito, mas os nazistas os convenceram de sua veracidade. Os voluntários faziam fila na estação do trem, e os soldados verificavam minuciosamente suas bagagens, garantindo a homens e mulheres que as devolveriam no fim do percurso. Os soldados também se desculparam pela maneira incômoda de viajar. Vagões de carga, eles explicaram, eram o único meio de transporte que não estava sendo usado na guerra.

Até 15 de julho, 7175 "voluntários" pegaram esse trem a caminho... do campo de extermínio de Chelmno, onde foram assassinados.

Então começou a aniquilação. Os nazistas ordenaram a desocupação do gueto de Lodz. Agora não pediam mais voluntários, nem examinavam as bagagens. De 27 a 30 de agosto, os moradores de Lodz foram levados do gueto em trens de carga lotados. Seu destino era Auschwitz-Birkenau, onde os fornos crematórios funcionavam 24 horas por dia. Quando partiu o último trem, 74 mil pessoas já tinham sido enviadas para Auschwitz. Entre os últimos a partir, estavam Rumkowski e sua nova esposa, que foram mortos nas câmaras de gás.

No gueto ficaram apenas 1200 judeus aproximadamente, para limpá-lo.

Fora do gueto, a guerra ficou pior. Em 6 de junho de 1944, os aliados desembarcaram nas praias da Normandia, na França, em um dia que ficou conhecido como "dia D". Os aliados estavam a caminho da vitória na guerra na Europa.

VERÃO DE 1944

Perdendo a guerra

No silêncio de milhares de judeus fracos e exaustos, explode uma bomba: os alemães estão perdendo a guerra! Papai diz que é verdade. Eu repito estas palavras para mim mesma, uma vez depois da outra:
Os alemães estão perdendo a guerra.
Não consigo imaginar quem poderia vencer os nazistas. Eles são tão grandes, tão poderosos, têm tantas armas. Mas papai diz que os ingleses, os soviéticos e os americanos são mais fortes ainda.
Então imagino esses soldados como gigantes. Papai diz que não, que eles têm o tamanho normal, embora sejam muito valentes.
— Aposto que os americanos são como as estrelas do cinema — suspira Dora.
E, por um instante, me lembro da Dora de antes, que era tão popular e feliz, e tagarelava sobre garotos.
Agora olho minha irmã, tão magra e exausta.
— Sim, como estrelas de cinema! — digo, mesmo sem nunca ter visto um filme na vida.

E agora?

O que acontecerá se os alemães perderem a guerra? Nós iremos para casa, espero. Todo mundo, como Hava e Itka e os outros, vai voltar para Lodz também.

Eu espero.

Eu continuo esperando, mesmo que Dora diga que algumas pessoas acham que os judeus que saíram do gueto não vão voltar nunca mais.

Eu não sou mais criancinha. Eu sei que ela quer dizer que podem estar mortos, não em algum outro lugar. Mas não faz sentido que toda essa gente tenha morrido. É impossível.

Outra pergunta

Outra pergunta. Os russos, os ingleses e os americanos (e uns tais de "ostralianos") estão chegando para resgatar o povo polonês.

O que há com os judeus, hein?

Se nem as pessoas de nosso próprio país nos ajudaram quando nos meteram no gueto, por que esses estrangeiros querem nos salvar?

É muito solitário ser judeu, eu penso. *E confuso.*

Transporte

Um comunicado de Rumkowski, líder dos judeus: os nazistas precisam de trabalhadores na Alemanha para consertar os estragos causados pelo inimigo.

Os moradores do gueto irão de trem.

Esta semana saíram os primeiros trens lotados da estação. Levaram todas as pessoas que estavam no hospital. Isso é preocupante. É absurdo que tenham escolhido os fracos e os doentes para reconstruir a Alemanha!

Papai ouviu que as rondas e buscas de porta em porta vão começar de novo. Tenho medo de estar muito cansada para correr quando os soldados chegarem ao nosso bairro.

Não parece justo. Esperamos tantos anos pelo fim da guerra, quando decidiríamos o que fazer com o resto de nossa vida, e agora, quando pelo jeito ele está perto, são os alemães que decidem o que fazer com a gente.

Uma batida na porta

À noite batem na porta. É o tio Hyman! É raro ver alguém fora papai, mamãe e Dora. Quero dar um abraço nele, mas meu tio não está para abraços. Sua filha, Mina, foi levada pelos soldados, e ele precisa da ajuda de papai.

Papai sai a toda pela porta, e esperamos a noite inteira pela volta dele.

Busca

Papai voltou de manhã. Suspiramos de alívio porque ele diz que estão todos bem.

O que aconteceu, diz papai, foi o seguinte. Os soldados bloquearam as ruas em volta do bairro dos nossos parentes e revistaram todos os edifícios. Arrancaram Mina dos braços da tia Rose e a levaram.

Então Hyman, o pai de Mina, veio ao nosso apartamento. Muita gente (papai disse isso rápido, como se não fosse nada demais) gosta de papai e o respeita, e lhe deve favores. Por isso tio Hyman achou que ele podia ajudar.

Assim papai e meu tio saíram, acordaram as pessoas, perguntaram pela vizinhança até descobrirem que os presos tinham sido levados para um dos hospitais do gueto, onde iam passar a noite antes de serem deportados bem cedo de manhã pelo trem.

Papai conseguiu dois uniformes de limpadores de chaminé e um carrinho de mão com seus conhecidos. Depois ele e o tio foram para o local de trabalho de papai e carregaram o carrinho de mão com alguns sacos de farinha vazios, que levaram ao hospital.

Resgate

Ninguém prestou atenção neles quando entraram.

— Tínhamos planejado dizer: "Viemos limpar as chaminés" — conta papai. — Mas ninguém perguntou nada.

Então eles procuraram por todos os quartos, e adivinhem o que acharam? Três crianças! E uma delas era minha prima Mina!

Disseram para ela se esconder embaixo dos sacos de farinha no carrinho de mão. Então eles saíram com toda a calma do hospital e a levaram para um esconderijo seguro. Depois voltaram mais duas vezes para pegar as outras crianças.

— Agora as três estão em casa com suas famílias, dormindo — diz papai. — E vocês deviam fazer a mesma coisa também. Dora, Syvia: para a cama. E boa noite.

— Mas já é dia — eu digo.

— Vá dormir — diz mamãe.

Eu obedeço.

Aniquilação

Papai e mamãe estão no trabalho, mas hoje Dora está de folga. Como ela está muito calada, perguntei:

— O que é que houve?

— Eles estão desocupando o gueto — ela responde. — Os nazistas. Eles estão enfiando todos os que encontram no trem e mandando para longe.

Vagões lotados e vagões lotados e mais vagões lotados de gente, até que não sobre ninguém. Nem Rumkowski, o "líder dos judeus", escapou. Ele se casou há pouco, e as pessoas reclamaram que ele tinha tratamento especial. Fizeram aquele barulho: ele se casando quando tanta gente sofre. Mas no fim das contas não houve tratamento especial, nem para Rumkowski. Ele foi metido em um vagão cheio como um judeu qualquer.

Tia Sara e tio Samuel estavam no trem. Tia Rose, tio Hyman e, sim, Mina também estavam no trem. E Malka, Edit, Esther e Sura.

— É só uma questão de tempo — diz Dora — até chegar a nossa vez.

Ao luar

Noite. Os raios da lua se misturam à luz das lanternas dos nazistas que marcham a caminho do nosso apartamento.

Chegou a hora

Os soldados invadem nosso edifício. As paredes vibram, as janelas batem, meu corpo treme. Estamos todos acordados e sabemos que chegou a hora.
— Todo mundo para fora! Todo mundo para fora!
Bam! Bam! Bam!
Desta vez "todo mundo" inclui minha família e a mim. Nos vestimos em silêncio. Minhas mãos tremem de medo, não consigo abotoar o vestido. Então mamãe me ajuda. Papai abre a porta e sai para o corredor. Dora pega minha mão, e o seguimos. Mamãe vem atrás e fecha a porta. Paramos no vestíbulo.
O que mais podemos fazer?
Papai é forte, mas não pode lutar contra soldados armados.
Outros homens e mulheres saem de seus apartamentos, alguns meio dormindo, esfregando os olhos.
E então aparece um soldado, nos faz descer a escada e sair para a rua, onde muitos outros judeus e muitos outros soldados estão andando. Ele ordena que nos juntemos ao grupo. Começamos a caminhar: papai e mamãe, Dora e eu entre eles. Mais uma família entre centenas de outras arrastadas com a maré, um mar de pessoas inocentes que apenas obedecem a ordens enquanto o sol começa a raiar e anuncia a chegada da manhã.

Em marcha

Eu deveria estar com medo, mas no momento só me sinto esmagada entre os corpos — corpos tão magros! — à medida que avançamos. Minhas pernas estão bambas, porque há muito, muito tempo não caminho tanto.
Ouvimos um berro e um disparo atrás de nós.

— Oh, não! — grita uma mulher.
Mas nós continuamos andando. Não posso ver nada, fora as costas do homem que vai à minha frente. Dora me aperta a mão de tanto em tanto. E de repente a multidão para. Um nazista tinha gritado:
— Alto, judeus!

O primeiro da fila

Estamos numa fila, nesta ordem: papai, Dora, eu e mamãe. Esperamos um minuto, aí damos uns passos à frente. Parando, andando, até que quase uma hora depois papai é o primeiro da fila, diante de um grupo de soldados alemães. Dora passa na minha frente.
— O seguinte! — grita um soldado.
Papai anda até os nazistas. Eu espio de trás de minha irmã. Vejo papai levantar um saco enorme e botá-lo no ombro. Os soldados acenam com a cabeça e apontam para a direita, onde há um pequeno grupo de homens e mulheres. Papai retribui o aceno e acena para nós: venham.
Dora, mamãe e eu vamos depressa para o lado de papai.
Então soa um apito estridente.
— *Nein!*
Os soldados me olham carrancudos.
— *Nein!*
Meu coração dispara, minha boca seca.
Minha nossa, o que eu faço?! O que digo?!
Os nazistas continuam me encarando. Me sinto tonta. Os soldados me apontam as armas, dizem coisas que não entendo. Então papai sai do grupo da direita, vem até mim e me pega pela mão. Os nazistas fazem um gesto para a esquerda, onde há uma multidão de centenas de pessoas. Dora, mamãe, papai e eu nos reunimos a elas.

Comunicado

O alto-falante crepita:
— *Ssrkerrrch!*
Depois uma voz de homem diz:
— Todos os judeus, fora os que estão na lista, devem se apresentar na estação de trem amanhã às sete da manhã. Cada judeu poderá levar só uma bagagem. Repito... todos os judeus, fora os que estão na lista, devem se apresentar...

Eu tapo minhas orelhas com as mãos para abafar o som e afundo o rosto no casaco do papai, me afastando da multidão de corpos altos que andam conforme as ordens dos nazistas. Eu fecho meus olhos e fico escondida até que Dora me tira as mãos dos ouvidos.

— Vamos para casa — ela diz.

Então papai, mamãe, Dora e eu voltamos para o apartamento para nossa última noite.

— E a lista, o que é? — pergunto a Dora enquanto nos arrastamos pela escada de nosso edifício.

— É a lista com os nomes das pessoas que os nazistas decidiram deixar no gueto — Dora me fala. — Eles precisam que uns judeus fiquem aqui pra limpar tudo.

— E quem está na lista? — eu pergunto enquanto nos deitamos em nossas camas.

— Os homens e as mulheres mais fortes e saudáveis — diz Dora. — Aqueles que os soldados mandaram para o grupo da direita.

— Mas papai foi mandado para a direita! — exclamo. — Ele está na lista, não?

Dora suspira.

— Syvia, lembra quando papai levantou o saco de farinha de cem quilos? Ele provou para os soldados que é forte e saudável. Então é isso, o nome dele teria ido para a lista. E mamãe e eu poderíamos limpar também. Temos muita sorte de não estar doentes.

Olho minha irmã — magra, esgotada — e me dou conta

de que é um milagre que minha família não esteja doente ou morta como tantas outras.

— Mas não nos botaram na lista?

Enquanto faço a pergunta, minha voz vai se apagando. No fundo eu já sei a resposta.

— Não — responde Dora. — Papai disse que ficaria só se todos nós entrássemos na lista. "A família fica unida", ele disse aos soldados.

— Eles não me queriam na lista — eu digo.

— É, não queriam você na lista — ecoa Dora. — Não aceitam crianças no lado direito. Sinto muito, Syvia. As coisas são assim.

Por isso nos mandaram todos — papai, mamãe, Dora e eu — para o lado esquerdo.

Os do lado direito ficam.

Os da esquerda...

Trens.

A intuição de papai

A intuição de papai fala com ele. Pelo menos é o que nos disse.

— Minha intuição me diz que não devemos pegar um desses trens.

— Mas não temos escolha, Isaac — mamãe diz. — Talvez estejam nos dizendo a verdade, que os trens vão nos levar pra um lugar onde possamos trabalhar.

Papai nega com a cabeça.

— Já confiei duas vezes na minha intuição antes, e ela não me enganou.

— Olha, Isaac — mamãe diz, dobrando bem um vestido para meter num canto da sua mala —, escute a cabeça, não a intuição.

Pesadelos

Sonhei que estava num navio no meio de uma tempestade. O barco balança violentamente com as ondas, inclina-se para o lado esquerdo, para o direito, de novo para o esquerdo. No sonho, sei de algum modo que apenas eu posso salvar o navio, mas sou tão pequena e as ondas são tão grandes! Corro para o convés e agarro o timão para tentar salvar o barco. Mas o timão é muito pesado e escorregadio e escapa das minhas mãos.

— Sinto muito! — eu grito, a água salgada me estapeando o rosto. — Sinto muito! É tudo culpa minha!

De repente acordo assustada, estou na cama entre meus pais.

Sinto muito! É tudo culpa minha!

Sinto o gosto das lágrimas na minha língua. Abro os olhos. Está escuro, não vejo nada. Mas posso sentir a mão fria de mamãe me acariciando a testa.

— *Shhhh* — ela diz.

Papai acorda também.

— Syvia — ele murmura raivosamente —, *não* é culpa sua. É culpa dos nazistas. Você não tem culpa de nada.

Enquanto minhas lágrimas secam e mamãe me acalma para eu dormir de novo, quase acredito neles.

Decisão

Na manhã seguinte, minha família segue pela rua, carregando as malas com centenas de outras pessoas, todas na mesma direção.

Alguém grita:

— Isaac!

É Haskel, o irmão de meu pai. Veja, lá vem também a mulher dele, tia Hana, e o bebê, Isaac. Na verdade não é mais um bebê, mas um menino de três anos. Minha tia o leva no colo.

Meu pai e meu tio param no meio da multidão para falar — mãos e bocas se mexendo rapidamente. Depois meu tio vai

até sua mulher e diz alguma coisa, despenteando meu priminho, e mergulha na multidão.
— Vamos — papai nos diz.
Todos nós — minha família, minha tia e o menino — vamos atrás de papai. De repente ele se afasta da multidão, para longe da estação de trem, em direção ao que sua intuição lhe dizia.

O plano

Os nazistas estão muito ocupados no meio de uma tremenda multidão. Com gente circulando por todos os lados, os soldados não se dão conta de que uma pequena e discreta família ficou.
Estamos indo para a casa dos trabalhadores, papai explica, enquanto tentamos acompanhar suas pernas compridas.
— Mas não estamos na lista! — mamãe e Dora exclamam.
Também estou pensando a mesma coisa, mas não falo, porque me concentro em minhas pernas — têm que andar mais depressa para eu alcançar papai e pegar a mão dele.
— Ali estão as casas onde vão ficar os trabalhadores. — Papai ignora a conversa sobre a lista e aponta para uns edifícios. — Syvia, você espera aqui com o Isaac.
Ele faz um gesto para que as mulheres o sigam para o edifício.
— Vamos fazer de conta que somos trabalhadores. Depois que a gente se instalar, eu volto para pegar as crianças.
Papai fala com segurança e, mesmo que alguém tenha alguma dúvida sobre o plano, ninguém dá um pio.

Cuidando de Isaac

Fiquei com meu primo Isaac atrás de uma árvore bem grande. Eu não estou acostumada a andar na rua sem adultos por perto, nem mesmo soldados, e pela primeira na vez na minha vida eu sou a mais velha.

— Quer ver o que tenho na maleta? — eu pergunto.

O pequeno Isaac pisca para mim — ele tem olhos castanhos enormes —, mas não me diz nada. Mais tarde fico sabendo que ele aprendeu a ficar quieto, muito quietinho, para não incomodar ninguém, especialmente os nazistas. Ele se senta e me observa abrir a maleta. Ele não se interessa pela roupa, mas gosta do *clac!* que a tampa faz quando abro e fecho minha maleta.

Então é assim que gastamos nosso tempo. Fechando e abrindo: *clac!*. Fechando e abrindo: *clac!*.

Então Isaac se deita no chão, fecha os olhos e cai no sono.

Paciência

Parece que faz um tempão que minha família me deixou. O gueto é um mundo diferente sem gente nas ruas. Só posso ouvir uns barulhos ao longe, aqui está tudo quieto, quieto demais. Mas o barulho dos meus pensamentos continua interrompendo o silêncio.

E se os nazistas pegaram meu pai, minha mãe e minha irmã? E se os levaram para os vagões de trem? Ou pior ainda: e se já os fuzilaram?

Então eu teria ficado para trás, me perguntando o que teria acontecido, talvez sem nunca descobrir. Não posso ficar aqui com Isaac para sempre, mas papai disse para eu não sair, para esperar.

Mais pensamentos detestáveis me passam pela cabeça — coisas que andei tentando esquecer. Uma vez vi matarem um homem na rua. *Bangue! Bangue!* O homem na multidão deu um salto esquisito, então caiu de costas, sua estrela amarela virada para o céu. Outras pessoas também saltaram para se afastar dele. Então continuei caminhando, mais apressada, e Dora me puxou para que eu não pudesse ver mais.

Olho meu primo dormindo. Depois olho o edifício onde vão ficar os trabalhadores.

É uma pessoa que vem vindo? É difícil dizer, assim de longe, mas...
   Papai?
   Papai?
   É papai!
   Ele se aproxima de mim e está sorrindo.

Papai!
   Ele está aqui! A salvo!
   Eu quero dançar e abraçá-lo e fazer um monte de perguntas, mas papai bota um dedo nos lábios e diz:
   — Psiuuuu... Não acorde o Isaac. Assim vai ser mais fácil.
   Ele pega o pequeno Isaac no colo e o escora no ombro. Em seguida joga o casaco sobre o menino para escondê-lo e pega a minha mão. Sinto sua mão forte e segura, cobrindo meus dedos pequenos. E enquanto caminhamos juntos, papai me fala baixinho. Eu o escuto, e Isaac continua dormindo.
   Um menininho como esse não deve ser muito pesado para um homem que levanta um saco de farinha de cem quilos, eu penso.
   Foi assim que enganamos os nazistas.

A entrada

   O que aconteceu foi o seguinte:
   Papai, mamãe, Dora, tia Hana e tio Haskel foram até um edifício onde acabavam de entrar vários homens e mulheres. Soldados nazistas vigiavam a porta. Papai olhou direto nos olhos de um dos soldados.
   — Isaac Perlmutter — ele diz, e depois dá os nomes dos outros, apontando um por um.
   O soldado olhou para todos e disse sim com a cabeça. O outro soldado abriu a porta, e papai, mamãe, Dora, tia Hana e tio Haskel entraram para se reunir com os demais trabalhadores.

Como papai soube

— Foi só isso? — pergunto espantada. — E a lista, hein? O que houve? E como sabia que os soldados não iam atirar em você?

— É verdade, ameaçaram matar todo mundo que não se apresentasse na estação — papai admitiu. — Mas eu não podia fazer isso. Minha intuição insistiu: não pegue o trem.

— Sua intuição também disse alguma coisa sobre a lista? — perguntei.

Papai riu:

— Não. Para isso usei meus olhos. Eu tinha notado que cada vez há menos soldados andando pelo gueto, porque a Alemanha precisa de seus homens nas frentes de combate. Agora Hitler não tem tempo para se preocupar com um gueto de judeus: tem o mundo todo atrás dele. Então achei que talvez não tivessem ficado soldados suficientes para organizar a desativação do gueto e ontem, quando levantava aquele saco de farinha, dei uma olhada em volta e... não vi nada.

— Nada, papai?

Eu trotava ao lado dele. Estávamos cada vez mais perto dos edifícios.

— Eu vi que nenhum soldado tinha caneta nem papel para anotar os nomes. E hoje, quando entramos, também não vi nada. Nem papel, nem caneta, nem lista.

— Puxa, não havia lista!

Eu não podia acreditar. *Tudo* o que os nazistas disseram é mentira?

— Eu só vi soldados armados. — Papai sorri: — Mas tenho o prazer de dizer que eles não atiraram.

No edifício

Quando nos aproximamos dos dois edifícios em que os trabalhadores vão morar, papai diz:

— Fique do meu lado direito, Syvia, e não levante a cabeça.

Andamos por um caminho feito com terra e pedras. Olho meus sapatos: um passo, outro passo. Só por um instante não consigo deixar de levantar a cabeça. Pelo canto do olho, eu vejo dois soldados alemães. Eles estão falando com uma mulher que parece descontrolada. Ela faz um monte de gestos com os braços enquanto fala com os homens.

Papai ainda carrega Isaac no colo, e eu caminho tão colada nele que seu corpo vai impedir que os soldados me vejam. Mas eles continuam ocupados discutindo com a mulher e nem olham para o nosso lado. Eu mal posso acreditar em como esse plano é arriscado. Como papai é valente. Como temos sorte.

Lá vamos nós, duas crianças e um homem — que nem estavam na "lista" —, dobrando pelo canto do edifício, entrando por uma porta lateral, descendo uma escada até um porão.

Quarto subterrâneo

Acho que nunca imaginei como seria um porão. Não tínhamos um quando morávamos no apartamento do segundo andar. Mas só com uma olhada percebi que este não é um porão comum.

Crianças.

Há crianças neste porão. Está escuro, então não sei ao certo quantas são, mas parece que umas cinco, talvez seis. Meninas e meninos sentados em maletas ou no chão.

Só aí o pequeno Isaac acorda. Ele olha em volta e grita:

— Mamãe?!

— Tá tudo bem, Isaac — papai cala o menino. — Sua mamãe e seu papai já vêm vindo.

Cem pensamentos borbulham na minha cabeça: *a mãe e o pai de Isaac chegarão aqui? Onde estão minha mãe e Dora? Eu vou ficar aqui num quarto embaixo da terra?*

— Outras! — eu digo, minha voz muito alta para este quarto silencioso. — Há *outras* crianças vivas no gueto!

Papai concorda e diz:

— Também estiveram escondidas. Depois conto mais,

Syvia, agora preciso que fique aqui e se acomode. E cuide do seu primo. — Papai bota o pequeno Isaac no chão e o empurra suavemente para mim. — Preciso resolver umas coisas lá fora. — E papai aponta a porta que leva à escada.

— Aonde vai, papai? — eu grito.

Ele vai me deixar de novo?

— Não se preocupe, Syvia — papai diz. — Já volto, prometo. E logo você vai ver sua mãe e sua irmã.

Vejo papai sair, enquanto fico ali, segurando uma mãozinha e uma maleta.

Depois que ele se vai, respiro fundo e me viro, olhando para as crianças.

As crianças do porão

Oi, eu me chamo Syvia. Tenho nove anos.

Isso é o que eu gostaria de dizer. É o que eu diria se fosse alguém como Dora, que sempre sabe as palavras certas quando está com outras pessoas e não tem medo de dizê-las. Mas eu não sou corajosa, sou tímida — então sinto meu rosto queimar e olho para o chão.

— Vem, Isaac — eu sussurro, e arrasto meu primo e minha maleta para um canto do porão ainda mais escuro, e nos sentamos no chão para esperar.

Ninguém fala, ninguém se mexe. Eu me sinto muito sozinha no frio e escuro silêncio deste porão.

A porta foi aberta três vezes pelo lado de fora. Em todas, prendi a respiração, à espera de ver alguém de minha família. Mas é sempre um adulto estranho trazendo outra criança de olhar ausente. Forçando a vista, contei outras dez além de Isaac e de mim.

Minha família deve chegar logo. Se Dora for a primeira a entrar, vou correr e dar um abraço nela. As crianças vão ficar nos olhando. Hava e Itka eram minhas melhores amigas — ninguém pode substituí-las. Mas talvez aqui a gente possa se dar bem uns com os outros. Já temos uma coisa em comum: somos todas crianças do porão.

Crianças do porão.

Sei lá por que esse pensamento me parece muito importante. Tomo nota dele em minha cabeça para contar para Dora quando ela vier.

A voz do meu primo corta meu devaneio:

— Syvia, você tá com uma cara gozada.

Tento dizer a Isaac que não é legal dizer essas coisas, mas minha língua parece presa e há um zumbido em minha cabeça. A sala começa a girar, e então tudo se apaga.

Não sou eu mesma

O rosto de mamãe. Papai! Dora, por que você demorou tanto? Flores vermelhas — a troco de que há flores no gueto? A família de poeira do antigo apartamento ganha vida. Os bonequinhos me varrem com uma vassoura. Varrem, varrem, no porão cheio de cachorros, cachorrões que me olham com olhos amarelos e cantam meu nome: Syvia, Syvia. Cachorros falantes? Sinto frio, sinto calor, e continuo escutando meu nome.

— Syvia, Syvia! Você acordou!

É Dora, me olhando nervosa. Estou no porão, deitada no chão, sobre um cobertor fino. Estou toda suada.

— Mamãe? Papai? — eu pergunto.

Minha garganta dói, a voz não parece minha.

— Estão bem — diz minha irmã. — Estão trabalhando agora, mas já vieram ver você.

— Papai e mamãe vieram aqui?

Dora me deu um gole de café aguado, então consigo falar melhor.

— Várias vezes — Dora diz. — A gente se reveza. Assim sempre tinha um aqui para você não ficar com medo quando acordasse.

— Andei dormindo?

Não me lembro de ter dormido.

— Mais ou menos — Dora me diz. — Você desmaiou.
— Sério? — Nem sei bem o que é desmaiar. — Quando?
— Faz três dias — diz Dora.
Tomo outro gole. E outro mais.

Meio cansada

Há três dias, mamãe veio ao porão, Dora me contou. No começo mamãe pensou que eu tirava uma soneca, mas, quando ela tentou me acordar, eu não reagi. Em seguida papai e Dora desceram. Dora diz que se assustou — eu estava tão imóvel e pálida. Mas mamãe me deu um pouco de caldo de legumes que tinha trazido num prato. Eu o tomei meio dormindo.

Papai e mamãe disseram que eu tinha de descansar e tomar o caldo, falaram para Dora não se preocupar. Logo que minha febre baixasse, eu estaria bem.

— Como se sente? — pergunta Dora.
— Meio cansada — eu digo. — Mas não muito ruim.

Dora sorri, como se eu a tivesse feito muito feliz.

De repente me lembro do pequeno Isaac! *Eu deveria estar cuidando dele!* Olho em volta pelo quarto e vejo Isaac brincando de bater palmas com outro garoto.

— Ele está bem — Dora me garante. — Até fez um amigo.

Quero levantar e ir até ele, mas sinto as pernas muito fracas e é difícil manter a cabeça erguida.

— Me diga uma coisa, Dora — eu falo, antes que o sono me apague de novo. — Os alemães sabem que estamos aqui? Eles sabem que há crianças aqui?

— Não. — Dora nega com a cabeça, seu cabelos negros roçando suas faces. — Não, os nazistas acham que não ficou nenhuma criança no gueto de Lodz. Só oitocentos adultos.

Ora, ora, então não somos espertos?, penso, apagando de novo. *Nós sabemos mais das coisas que os nazistas.*

Um monte de ossos

Sono e mais sono. Eu dormi muito nos dias seguintes.

Papai e outros homens trouxeram cobertores para servir de cama. Assim ninguém mais tem de dormir no chão duro.

A gente pensa que um quarto cheio de crianças seria aquela bagunça, mas este é bastante silencioso. Depois de meses e meses sem comer direito e sem pegar sol, estamos fracos e apáticos. Eu me sinto um monte de ossos jogados num canto.

Não era assim quando eu brincava com Hava e Itka. A gente tinha energia para se divertir. Mas agora somos as crianças do porão: ficamos deitadas por aí ou sentadas com as costas na parede, à espera de que os adultos venham nos visitar.

Todos nós sabemos como nos esconder, como ficar quietos para que os nazistas não nos achem.

Até Isaac, o menor de todos aqui, brinca quietinho. Ele dorme num cobertor ao meu lado. Gosto de vê-lo dormir. Ele respira de boca aberta, dando umas fungadas engraçadas. Quando tem pesadelos, eu acaricio a cabeça dele e digo que está tudo bem, que é para ele dormir de novo.

Presentes especiais

As visitas da família são como presentes vindos de cima. Mamãe me traz sopa de legumes.

— Os alemães têm umas hortas muito boas — ela me diz. — Um dos trabalhos das mulheres é colher os legumes para a sopa dos soldados. Mas, é claro, pegamos alguns para nós.

A sopa é espessa e quente, ao contrário do caldo ralo a que estou acostumada. Mamãe traz a sopa duas vezes por dia, e depois de cada prato me sinto um pouquinho mais forte. Dora me traz coisas lá de fora: ramos, folhas, algumas sementes — nada de comer, só para olhar.

— O tempo anda muito bom — ela diz. — Até o trabalho, que não é moleza, parece legal.

Dora e os outros têm que percorrer o gueto, recolhendo

os pertences das pessoas que foram metidas nos vagões: móveis, roupas e objetos pessoais. Os trabalhadores devem limpar tudo e entregar aos alemães.

Não vão ter muito que limpar em nosso apartamento, penso quase orgulhosa. *Eu deixei tudo arrumadinho.*

É uma festa quando mamãe e Dora aparecem. Mas a melhor parte do dia é quando papai vem me ver. Ele traz histórias. E, quando ele fala, as crianças ouvem sua voz profunda e amável.

Como descobriram o porão

Como nós, crianças, viemos parar neste porão? Papai explica:

— Na primeira vez que vim a estes edifícios, entrei e examinei todos os andares, me perguntando: onde haveria um bom lugar para nos escondermos? Então eu vi uma porta bem escondida. Eu a abri e topei com uma escada que dava para o porão! Subi ligeiro de volta e falei com um dos trabalhadores, que conhecia do nosso bairro. Depois que conversamos, ele saiu do edifício como se estivesse a caminho do seu novo emprego. Passou pelos soldados cantarolando, *tralari-tralalá*, para que não desconfiassem de nada. Então, quando estava longe o suficiente, começou a correr. Foi a toda para a estação de trem, para ver as pessoas que embarcavam nos vagões. Meu amigo disse que, no meio da confusão e da barulheira, foi fácil se misturar com a multidão — papai nos diz. — O que não era nada fácil era encontrar crianças. Haviam sobrado tão poucas. Mas, aqui e ali, ele viu algumas. "Venha", ele disse a uma mulher que levava uma criança pela mão. "Há um lugar para esconder as crianças no gueto." A mulher acenou com a cabeça: não. E entrou no vagão. Ele se dirigia a todos os adultos que estavam com crianças. A maioria disse não. Mas alguns disseram sim.

Sim ou não

Papai continua falando. Agora todas as crianças estão acordadas, ouvindo.

— Deve ter sido uma decisão muito difícil para essas pessoas: pegar o trem ou voltar para o gueto. Será que achavam mesmo que o trem as levaria para um lugar seguro ou pensavam que qualquer um que não tivesse o nome na lista levaria um tiro se ficasse? Ou será que elas não confiaram o suficiente no estranho que chegou correndo, todo suado e esbaforido, para voltarem com ele ao gueto? Olha, nós não sabemos para onde foram as pessoas que ficaram no trem. Mas nós sabemos que todos vocês que voltaram foram contrabandeados bem debaixo do nariz dos nazistas. E estão todos aqui! — papai termina a história e sorri para nós.

Como chegamos aqui

— Como viemos parar aqui sem que os soldados se dessem conta? — eu pergunto.

— Com alguns de vocês foi bem simples — papai diz. — Nem sempre os soldados vigiam o edifício. Ficaram descuidados com a rotina. Outras vezes tivemos de usar um truque para distraí-los.

— O que é isso? — pergunta o pequeno Isaac. Ele havia parado de rolar uma bolinha de barbante para ouvir.

— Uma das mulheres se aproximava dos soldados para perguntar alguma coisa, chamando a atenção deles para longe dos edifícios, para que pudéssemos trazer as crianças — papai explica.

— A mulher que discutia com os soldados! — eu digo. — Eu me lembro de passar por ela no caminho, eu, você e o Isaac!

Eu também lembrava que papai disse para ficar de cabeça baixa naquela hora.

— Isso mesmo, Syvia. — Papai não parece zangado. Na verdade, ele ri. — Aquela mulher foi uma verdadeira atriz, não é mesmo? Muitas pessoas ajudaram a salvar vocês, crianças. É uma bênção termos boas pessoas por perto.

Concordo com papai, mas me dou conta de outra bênção. Eu estava pensando como era bom ouvi-lo rindo. Faz muito tempo que não ouço uma risada, e isso aquece um lugar no meu coração que nem a sopa consegue.

Em cima

Papai nos conta como é lá em cima. Há um edifício para os homens e outro para as mulheres. Eles deveriam ficar separados, mas alguém achou uma porta secreta ligando os dois edifícios, então os homens podem visitar as mulheres. Uma pessoa fica vigiando a porta de entrada e, quando os alemães se aproximam, faz um sinal para que todos os homens voltem correndo para seu edifício.

— Que nem ratos fugindo do gato — diz papai.

De vez em quando os alemães vão dar uma olhada nos trabalhadores. Mas raramente ficam muito tempo. Assim, papai e mamãe, e outros homens e mulheres, podem passar mais tempo juntos. Como não há mesas, todo mundo senta no chão para comer. Parece um grande piquenique, diz papai.

O melhor é que as frutas estão maduras nas árvores, e todos estão provando o seu sabor doce e suculento.

Então papai tira do bolso uma maçã e, com um canivete, ele a parte em fatias e dá uma para cada criança. Eu como a minha devagarinho para que dure mais. Está deliciosa.

Os fogões

Num canto do porão há um monte grande de carvão, que os adultos usam nos fogões. Uma manhã mamãe desce para me ver, e noto que ela tem uma marca vermelha na palma da mão.

— Você se machucou, mamãe? — eu digo.

Mamãe olha a mão, olha para mim. Sua boca se transforma num sorriso.

— Pode guardar um segredo, Syvia?

Claro que eu posso, garanto. Então ela me conta que na cozinha lá em cima há uns fogões elétricos pequenos, que as mulheres usam para fazer a comida dos trabalhadores judeus. Mas os soldados disseram para elas:

— Não usem esses fogões! A eletricidade é cara demais para gastar com judeus!

Mas os fogões elétricos são muito mais rápidos que os fogões a lenha. Em vez de descer e subir escadas carregando carvão, basta apertar um botão para ligá-lo.

Por isso, mamãe me diz, as mulheres têm usado os fogões elétricos sem que os soldados saibam. Elas cozinham nos fogões a lenha, mas também nos elétricos. Os soldados sentem o cheiro da comida e acham que vem só dos fogões a lenha. Quando os soldados aparecem — o que não ocorre com muita frequência, porque dizem que cozinha é lugar de mulher —, está todo mundo preparado.

Mamãe estava dourando umas batatas quando ouviu o sinal: alemães! Com muita pressa, pegou a panela pelo cabo e a escondeu embaixo da cama, com batatas e tudo.

— Não tive tempo de me proteger com um pano — mamãe diz. — Por isso queimei a mão. Mas não machucou muito, não. E os soldados nem olharam para o fogão.

— E o que aconteceu com as batatas? — pergunta uma voz.

Eu viro a cabeça para ver quem falou. É um dos meninos. Ele também estava escutando.

— Ao contrário da minha mão... — mamãe sorri de novo —, as batatas escaparam inteiras. Na verdade você comeu algumas na sopa de ontem à noite!

É muito legal ter mamãe aqui sorrindo e contando histórias! Em geral ela é tão séria, quase carrancuda. Acho que as coisas não andam tão mal lá em cima. Os adultos parecem mais bem-humorados ultimamente.

Fim de verão

Dora confirma o que eu pensava, enquanto tomamos a sopa juntas e conversamos:

— Não está tão ruim lá em cima — ela diz. — Estamos no fim do verão, está quente mas não muito. E nunca tivemos tanta comida nestes últimos anos. É como ser gente de novo, Syvia. Imagina só!

Há outras boas notícias. O número de alemães está diminuindo. Os soldados que ficaram parecem mais interessados em cerveja, baralho e outras bebidas que em supervisionar a limpeza do gueto. Então os trabalhadores ficam a maior parte do tempo sozinhos, sem serem ameaçados ou perseguidos como antes.

Dora faz uma pausa, toma um pouco de sopa e olha para os lados. Examina as paredes e o teto sujo do porão, o monte imundo de carvão, as crianças, que só têm as mãos e os rostos limpos pelas mulheres que descem todo dia.

— Com certeza aqui embaixo não parece que estamos no verão — minha irmã diz. — Eu gostaria de trazer um pouquinho de sol para você, Syvia. Mas só posso trazer sopa.

O Chef

Eu ainda não falei com nenhuma das outras crianças. Tenho problema até para lembrar quem é quem. Meu cérebro parece incapaz de reter os nomes. Isaac é a única criança com quem me sinto à vontade. Nós nos divertimos com brinquedos simples como:

— Em que mão está a pedra?

Ou:

— Em que cor estou pensando?

Embora eu não conheça as crianças, fiquei sabendo algumas coisas delas. Há uma menina chorona, um menino doente e outro que odeia lavar o rosto.

Depois há um que fala sozinho, em voz alta. O assunto dele é um só, comida. Fala coisas do tipo:

— Carne, ensopado, batatas, pimentas, nabos assados, temperos, farinha para engrossar. Cozinhar em fogo brando. Bolinhos de batata, com a casquinha dourada, não queimada. Uma porção de molho de churrasco, bem espesso. Repolho recheado, macarrão, bolo de cenoura, picadinho...

Em minha cabeça, eu chamo o menino de O Chef.

Papai diz que não é estranho as pessoas pensarem em comida o tempo todo no gueto, com tanta gente faminta em volta. Assim a mente pode driblar a fome.

— Cada um sobrevive como pode hoje em dia — papai diz. — Devemos respeitar nossas diferenças e, enquanto isso, encontrar nossa própria força e coragem da melhor maneira possível.

Acho que entendo o que ele quer dizer, mas eu preferia, egoisticamente, que O Chef guardasse sua coragem para si mesmo e nos deixasse em paz.

Mãos nervosas

Tem também a menina que está sempre mexendo a mão direita. Abre os dedos, abre a mão, fecha os dedos, fecha a mão. Abre, fecha, abre, fecha. Ela faz isso até dormindo.

Eu me pergunto por que, e se a mão dela não cansa. Olho um pouco a menina e penso:

É como se estivesse dando tiros.

Mas não gosto desse pensamento. Isso me lembra uma coisa que nunca contei a ninguém.

Quando eu era menor, vi um soldado na rua. Eu não queria olhar a cara dele, então baixei os olhos para a sua mão, que apontava uma pistola direto para a frente. Ele puxou o dedo e *pum!* — acho que matou alguém, porque ouvi um grito e um baque muito perto de onde Dora e eu estávamos caminhando. Mas nenhuma de nós foi atingida. E nunca soube quem foi. Uma hora a pessoa está viva andando na rua, aí uma mão mexe um dedo e a pessoa cai morta.

Mais tarde, conto bem baixinho ao papai sobre a menina que abre e fecha a mão. Papai diz:
— Eu acho que provavelmente ela é do tipo de criança que precisa se mexer. O corpo dela não gosta de ficar parado. É só energia nervosa.
Talvez ele esteja certo, mas eu olho de perto e penso:
Ela não me parece nervosa.
Seus olhos olham com raiva. Decido tomar cuidado, por via das dúvidas. Eu penso nela como As Mãos Nervosas.

Ratinha

Às vezes não consigo dormir à noite, e tenho pensamentos ruins. Eu me sinto sozinha, assustada, presa no porão. Papai disse que temos de "encontrar nossa própria coragem", mas não vi nenhum sinal da minha.
Se eu tivesse um apelido, seria Ratinha. Marrom e tímida, eu me entoco no canto, no meu ninho de cobertores. Eu até chio e tusso sem parar, por causa da garganta inflamada pela umidade do porão. Sim, Ratinha é um bom nome para mim. Escondida aqui na minha toca de rato, eu espero por um novo dia.

Ninguém especial

Eu sempre fui tímida e quieta, ao contrário de outras crianças, com suas algazarras e correrias. Talvez por isso eu ainda esteja no gueto. Eu sei ficar invisível.
Com certeza não sou alguém especial ou importante. Eu sou uma garota comum, magra e de cabelos castanhos. Mas estou viva, estou aqui.
Sou sortuda?
Claro que tenho menos sorte que as crianças que não são judias. Mas, a cada dia que passo aqui no gueto com meus pais e minha irmã, acho que se trata de algo mais que sorte. Trata-se de um milagre.

FINS DE OUTONO-INVERNO DE 1944

Baldes de carvão

Os adultos pediram às crianças que levassem baldes de carvão até a escada, quando os soldados não estão por perto. Os baldes pesam muito, muito mesmo, quando estão cheios de carvão. Depois que levei os primeiros, minhas mãos ficaram doloridas, as palmas machucadas pelas alças de metal, mas elas estão se acostumando.

É bom poder ajudar os adultos. É bom ser forte o bastante para subir a escada.

Azul-celeste

Nos últimos dias, enquanto os adultos trabalham no gueto, algumas crianças sobem as escadas e vão lá fora. Até agora não pegaram nenhuma. Os soldados não ficam mais tão perto das casas dos trabalhadores. Acho essas crianças muito atrevidas por se arriscarem assim, mas não posso deixar de notar a felicidade no rosto delas quando voltam.

Eu tenho um retalho de tecido que Dora achou e me deu. É de um azul fraco. *Parece o céu.*

Quando as crianças voltam de suas aventuras lá fora, eu pego meu retalho azul e olho o meu céu. Mas, bem no fundo do meu coração, sei que não pode substituir o céu de verdade.

Lá fora, em cima

Estou cansada.

Cansada de ficar presa neste porão. Cansada de sentir medo. Cansada de mim mesma.

Meto o retalho azul no bolso da minha camisa e boto os sapatos. Estão muito apertados, mas eu ainda posso caminhar com eles. Me levanto, começo a andar.

Estes pés subindo até o alto da escada são meus? *Será que esta mão que abre a porta é* minha?

Passo pela porta, para o lado de fora do porão, que dá em um corredor curto. Há outra porta. Eu a abro — um empurrão e estou lá fora.

Estou na rua!

O ar cheira bem, com o friozinho do outono, não é rançoso como no porão. O sol me cega um instante. Mas meus olhos se acostumam. Meu coração faz *bum-bum-bum-bum-bum-bum*. Olho em volta. Ninguém aqui, ninguém ali.

Faz frio. O vento gela, mas o sol espreita atrás das nuvens e me convida a ir até o quintal. Avanço mais um pouco, sentindo a grama sob meus pés, os raios do sol no rosto.

Há árvores no quintal. Muitas folhas caíram no chão, mas nem todas. Então eu a vejo. Pendurada no galho de uma árvore… uma grande pera amarela.

Dora disse que os trabalhadores estão proibidos de comer as frutas das árvores. Devem guardá-las para os alemães. Os trabalhadores devem se contentar com a comida que os soldados não querem.

Minha cabeça se preocupa, mas meus pés continuam andando.

A pera

E se os alemães entram no quintal? E se estão olhando pelas janelas dos edifícios? E se alguém me vê?

Eu me sinto atraída pela árvore como uma abelha pelo mel. Estou mais perto. Mais perto. Já posso tocar um dos galhos.

Alcanço e agarro a pera. A pele dela é meio amarela, meio verde — está madura. Torço o talo da pera e ela se solta do galho na minha mão. É firme e lisa. É de verdade.

Agora nada me segura. Neste instante não há alemães, não há preocupações. Só eu e a pera.

Dou uma mordida.

Fria, suculenta, doce. Perfeita. Deliciosa.

Como mais um pouco. Minha mão fica meio pegajosa, mas não me importo. Eu estou comendo uma pera ao sol, como qualquer garota comum que não é judia, num dia comum.

De repente percebo quem eu sou e onde estou. *É melhor eu entrar*. Estou me preparando para correr de volta, quando vejo outra pera na árvore — um pouco menor e menos madura que a minha. Penso em Dora e agarro a pera. Me viro e corro de volta para o edifício com uma pera em cada mão.

Passo pela porta, pelo corredor, desço a escada, entro no porão.

Um presente para Dora

Eu fui. Eu consegui.

Sentada de pernas cruzadas no meu cobertor, eu como o resto da pera, mordiscando ao redor das sementes e do talo até que sobra apenas o caroço. O caldo seca na minha mão, mas não a limpo, para poder sentir o perfume mais um pouco.

Levo a mão até meu rosto. Cheiro. Mmmmmm… fragrância de pera. Dora me disse que muita gente rica e famosa usa perfumes de frutas e flores. Agora, eu também.

Mais tarde, quando Dora vem me ver, eu dou de presente a ela a pequena pera verde, envolta no pedaço de pano azul-celeste.

Dora me olha.

— Papai deu para você?

Aceno que não com a cabeça.

— Mamãe?
Não de novo.
— Eu mesma colhi para você — digo com orgulho.
Dora parece preocupada, mas só por um instante. Em seguida, ela sorri.
— Você saiu? Sozinha?
Dora ri de prazer, e eu também.
— Oh, Syvia — minha irmã diz —, que garota esperta e valente você é!
Esperta e valente? Euuuu?
Pode ser, afinal.
— Mas, Syvia...
De repente Dora fica séria.
Essa não! Será que ela vai me xingar porque saí do porão? Porque roubei? Hein?
— Você tem de comer a pera!
Ela tenta me devolver a fruta.
— Não, é para você — eu lhe digo. Aponto o caroço que restou da minha pera dourada. — Já comi a minha.
Dora desata a rir de novo. Então ela divide a pera comigo. Estamos de acordo: deliciosa.

Botas pesadas

Quero contar minha excursão lá fora para Isaac, mas o pequeno está tirando uma soneca. Me sinto chateada por não ter guardado um pedaço de pera para ele, mas estava morta de fome, esqueci. De qualquer forma, os adultos vivem trazendo coisas especiais para ele, porque é o menor. Mesmo assim, resolvo dar as sementes. Podemos brincar com elas.

Enquanto eu penso em sementes e peras, começo a cochilar. Sou acordada de repente pelo barulho de pisadas violentas, algumas acima de minha cabeça. Então a porta se abre.

Escada abaixo vêm botas gigantes, calças de uniformes, casacos com suásticas! Os nazistas! Os nazistas estão no porão.

Apanhados

Agora todas as crianças estão acordadas. Eu gelei. Os soldados vociferam uns com os outros, mas não entendo o que dizem. Um soldado me agarra um braço e me dá um puxão.

Sinto que o tempo passa devagarinho. Posso ver os caroços de pera no meu cobertor como pequenos esqueletos. Posso ver os rostos assustados. Posso ver os olhos arregalados de meu primo Isaac. Enquanto isso, estou sendo arrastada escada acima.

Outros soldados estão arrastando as crianças, logo atrás de mim. Meninos e meninas gritam:

— Socorro!
— Manhê!
— Não!

Tenho medo demais para gritar. Tenho medo demais para fazer qualquer coisa, fora ser arrastada como um saco de batatas. O nazista me puxa pelo braço, abre a porta com um chute, me empurra para fora. Caio e fico estirada no chão duro.

Agora estamos todos do lado de fora. Mas nas mãos dos nazistas. Mãos grandes e brutas e...

Ai!

Me puxam pelos cabelos até eu ficar de pé.

Presos

É isso aí. É o fim.

Eu sei o que acontece com as pessoas que tentam enganar os nazistas, que se escondem, que se negam a se render. Eu sei o que acontece com os judeus.

Mas eu sou apenas uma garotinha!, quero gritar para os soldados. *Vocês são homens, homens grandes e armados! O que eu posso fazer contra vocês? Por que não nos deixam em paz uma vez que seja?*

Papai! Mamãe! Dora!

O soldado me agarra o braço de novo e avança, me arrastando. Eu gemo e fecho os olhos. Se os nazistas vão me matar, não quero ver.

O círculo

O nazista que me puxa pelo braço para de repente e murmura alguma coisa. Eu paro e espero, de olhos fechados, que continue me arrastando, que me mate.

Não acontece nada.

Pequenos ovais de luz dançam e giram em minhas pálpebras. Me sinto tonta, o estômago nauseado. A espera é longa demais para suportar. Abro os olhos devagarinho, me acostumando com a luz do sol. Estamos a poucos metros do edifício. O soldado ainda está me segurando, mas...

Não posso acreditar no que estou vendo. Na nossa frente estão os adultos, num semicírculo, bloqueando a entrada. Muitos adultos. Talvez uns oitocentos. Todos os judeus do gueto.

O soldado segura meu braço com força e me leva em direção à multidão. Mas ninguém recua. Ninguém sai do seu caminho.

O soldado vira a cabeça e vocifera alguma coisa para os outros nazistas lá atrás. A multidão é um bloco só, olhando para mim e para o soldado nazista. Eu vejo algumas mulheres chorando em silêncio.

Então a multidão de judeus começa a se mexer, formando um círculo em volta dos soldados e das crianças. Os nazistas parecem não saber o que fazer. Eles têm armas, claro, mas são poucos, e nós somos centenas.

Irritado, o soldado que me segura fala alguma coisa. Então ele me chuta, me chuta, me chuta de novo e me empurra. Eu cambaleio para a multidão, caio nos braços dos adultos.

Os outros soldados soltam as crianças e em seguida abrem caminho pelo círculo, afastando-se dos judeus.

Fico tremendo e chorando. Meus pais correm até mim, e Dora também. Minha família me abraça.

Ouço ao longe o rugido das motos. Os nazistas se foram.

Neste momento

Mais tarde me contaram que alguém nos dedurou aos nazistas, avisando que havia crianças no porão. *Quem nos traiu?* Ninguém sabe.

Mais tarde me contaram que quase todo mundo veio correndo logo que ouviu que as crianças corriam perigo. (Muita gente nem sabia que estávamos escondidas ali, nem que ainda havia crianças.)

Mais tarde entendi o que aconteceu. Haveria uma bela encrenca se os soldados tivessem nos levado. Teve gente que disse que eles iam atirar nas crianças ali mesmo, mas se deram conta do tremendo caos que teriam causado no gueto.

Os adultos nos salvaram. Muitos deles eram pais de crianças que acabaram nos vagões dos trens. Ou pais de crianças que morreram de doença e fome.

De certa forma nós, as doze crianças, éramos seus filhos também.

Mais tarde eu tive tempo para pensar sobre essas coisas e desejei ter dito:

Muito obrigada. Sinto que seu filho não tenha podido estar aqui também, protegido neste círculo, neste momento.

Mas naquele momento tudo o que eu podia fazer era chorar e dizer a mim mesma:

Estou viva. Estou viva.

Em cima

Já se passaram alguns dias desde que os nazistas nos encontraram. Agora posso subir ao edifício das mulheres.

Chega de porão! Mas a troco de que os soldados nos deixaram vivos?

No começo fiquei feliz por ter sido poupada, mas depois pensei que sem dúvida os soldados iriam voltar.

O pequeno Isaac, a menina das mãos nervosas, o menino que fala de comida e todos os outros estão aqui com os adultos.

Não há nada, só umas camas improvisadas. Não há mesas nem cadeiras. Nós nos sentamos no chão para comer. Mas não me importo — é melhor que no porão.

Dora diz que os nazistas nos deixam em paz por ora porque precisam que os adultos obedeçam a suas ordens, façam o serviço sujo deles. Se levassem as crianças agora, os adultos se revoltariam.

Já chega, os adultos dizem. *Se não machucarem as crianças, não haverá problemas.*

Mas Dora se preocupa porque os soldados não voltaram. Talvez os nazistas achem que todos nós vamos morrer logo, então para que se preocupar?

O inverno está chegando

Este quarto tem uma janela quebrada. Como a geada faz desenhos em volta do buraco no vidro, alguém cobre a janela com um cobertor.

O tempo se tornou frio bruscamente. As mulheres ficaram nervosas com o inverno. Não temos calefação, nem água quente. E temos pouca comida.

Fico preocupada — as palavras dos adultos não me saem da cabeça. Coisas como "sobreviver a outro inverno", "congelar até a morte" e "morrer de fome".

Virando e revirando

Os alemães estão perdendo a guerra, e os soldados obrigam todos a trabalhar mais e mais rápido, para acabar logo com a limpeza do gueto!

Neva, faz frio e eu tenho problemas para dormir. Não posso parar de pensar no nazista que me arrastou do porão e me chutou. Não me matou, mas...

Eu poderia estar morta agora. Ou num dos vagões do trem, com as crianças, os móveis e outras coisas que foram tiradas das casas do gueto e entregues aos alemães. Dizem que mais nada pertence aos judeus.

Nem seus próprios filhos.

Eu me viro e me reviro na cama, até que Dora me chuta para que eu pare. Claro, o chute dela é delicado, não como os do nazista, que me deixou toda machucada.

INVERNO DE 1945

A história do soldado

Ajudo mamãe a lavar os pratos. É difícil limpá-los só com água fria. Minhas mãos estão como gelo.

Papai volta do trabalho e conta uma coisa a mamãe, que não posso deixar de ouvir. Hoje, um soldado alemão bêbado se aproximou de papai e de outros trabalhadores e disse:

— Vocês, judeus, pensam que são muito espertos. Mas não são espertos o bastante para saber que vão ser todos fuzilados no cemitério. *Pum! Pum!* Vai cair judeu morto para todo lado.

Daí o soldado deu uma risada e se foi cambaleando.

Mamãe continua lavando um prato.

— Devemos nos preocupar, Isaac? — ela pergunta.

— Acho que não — papai responde, coçando a barba. — Ele estava muito bêbado. Os homens acham que estava mentindo, tentando nos provocar. — Então papai me vê e encerra a conversa. — Como foi seu dia, Syvia? — me pergunta.

Eu digo a mesma coisa de sempre:

— Tudo bem, papai.

E faço de conta que não ouvi nada.

Duas valas grandes

No dia seguinte tudo vem abaixo. Valas bem grandes, é o que os nazistas mandaram alguns homens fazer no cemitério.

— Aqui estão as pás — os soldados disseram. — Cavem duas valas bem grandes.

Papai não está entre os homens que estão cavando. Ele está ocupado falando com todo mundo. Algumas pessoas acham que os nazistas só querem nos assustar para que a gente termine rápido a limpeza e que eles possam ficar bem com os chefes deles. Mas, mesmo que isso seja verdade, o plano nazista está funcionando. Está todo mundo apavorado.

Quando os trabalhadores do cemitério enfim voltam para casa, eles dizem que a terra está dura, congelada. O serviço levou o dia todo. Eles contam que ouviram os soldados falando. Disseram que vai ser amanhã.

— Amanhã mataremos todos os judeus.

A *verificação*

O pânico que ouço nas vozes dos adultos faz eu me encolher e tapar os ouvidos.

Vamos morrer! Todos nós vamos morrer! Não há o que fazer!

— Silêncio! — meu pai diz, e todos se calam. — Antes de mais nada precisamos ter certeza de que isso é verdade, se não é apenas uma brincadeira cruel.

Papai pede voluntários. Alguns homens se apresentam. Papai escolhe dois e diz:

— Peguem o trole e vão até a casa vermelha, onde ficam os soldados. Se alguém encontrar vocês, digam que o trole está estragado e que têm ordens para consertá-lo.

Papai explica: dois homens a pé podem dar a impressão de que fogem ou espionam, mas num trole? Quem vai andar se esgueirando por aí num trambolho tão visível?

— Vão até casa vermelha e vejam se descobrem alguma coisa — papai diz a eles, e os homens saem pela porta.

Foi boa ideia pegar o trole, eu penso, olhando meu pai, tão corajoso e decidido. Depois, ia demorar um bocado para chegarem à casa vermelha a pé. Com o trole é rápido.

Os dois homens voltam em seguida, e aí todos ficam sabendo que há muitas, mas muitas motos estacionadas diante da casa vermelha. E que todas as luzes da casa estão acesas.

— Parece que trouxeram mais nazistas — papai anuncia sombrio. — Homens suficientes com armas suficientes pra matar oitocentas pessoas.

Oitocentos judeus. Nós.

Todos se calam de novo, cada um com seus próprios pensamentos.

Bombas!

BUMMMM!
O que foi isso?
BUMMMM!

Um estrondo lá fora. Soa alto, mas distante, como um trovão. Trovão em janeiro?

— Bombas! — grita alguém.

É a guerra. Está chegando aqui. Estão bombardeando os alemães! Estão bombardeando Lodz.

Boas notícias para a Polônia, mas não muito boas para nós.
E se os aviões atirarem bombas sobre nós?

Trancados

Uma mulher grita, corre para a porta, tenta sair, mas a porta não abre. Alguém olha pela janela e vê motos se afastando. Adultos checam as portas. Fechadas! Todas fechadas!

Os nazistas nos deixaram trancados.

Não temos como fugir. Vamos ficar trancados aqui toda a noite até os soldados nos levarem para o cemitério!

Grudo em Dora, que agarra a minha mão com força. Há muito barulho, com os adultos berrando e as bombas caindo. Então uma voz se eleva acima do pânico e diz uma coisa que faz a sala se calar:

— Eu tenho uma chave.

A chave

Dora cochicha em meu ouvido:
— Eu conheço esse homem. Chamam ele de Diretor. As pessoas o odeiam, porque ele colabora com os nazistas, mesmo sendo judeu. Ele passa os dias puxando o saco dos soldados.

O Diretor continua falando:
— Peguei esta chave ontem, num escritório, quando estava no trabalho.

O Diretor segura a chave, a mão tremendo. Posso ver. Não estou muito longe dele.

— Vou me meter em encrenca por isso — ele diz e enfia a chave na fechadura. — Vão! — ele grita. — Salvem-se!

Ele empurra a porta e a deixa escancarada.

Correndo em círculo

Algumas pessoas correm para fora imediatamente.
— Esperem! — papai grita para as demais. — Vamos nos organizar em grupos para decidir quem vai para onde! Assim teremos mais chances do que se sairmos correndo como galinhas tontas.

Nosso grupo inclui minha família, o pequeno Isaac, os pais dele e mais umas pessoas.

— Eu me lembro de onde tem um bom porão — papai nos fala. — Vá à cozinha, pegue um pouco de pão e umas jarras de água. Depois vamos para esse lugar em que pensei.

Num instante pegamos pão e água e estamos prontos para ir. Corremos para fora, mas todos paramos, depois de uns passos.

A neve!

É tanta neve que é difícil levantar nossos pés.

— Eles vão ver nossas pegadas na neve — papai se queixa. — Eles só têm que seguir nossas pegadas para nos achar!

Ficamos parados ali por um minuto, como estátuas na neve. Então papai tem uma ideia:

— Vamos correr em círculo para confundir os nazistas com

as nossas pegadas! Vamos lá, pessoal! Por aqui, por ali! Todo mundo!

Assim, nós vamos andando em círculo, nos espalhando por aí, mas sempre seguindo a direção geral que papai indicou.

Anda que anda, começo a me cansar. Minha respiração sai em baforadas de neblina, mas continuo em frente, até que chegamos a uma estrada em que a neve derreteu. Há marcas de pneus de motos no barro, mas a terra está tão congelada que nossos pés não deixam pegadas quando andamos. Chega de andar em círculo. Agora corremos em linha reta.

O bombardeio parou. O gueto está calmo, em silêncio.

Do outro lado da rua

— Falta pouco agora — diz papai. — Quase chegamos.

Logo estamos nos fundos de um edifício de apartamentos. Papai nos leva até a porta. Está aberta. Entramos todos em nosso novo esconderijo. Não posso ver grande coisa — não há luz. Também não há calefação. Faz tanto frio como lá fora. Então tio Haskel dá uma espiada na janela da frente e exclama:

— Isaac! Tá maluco? Estamos bem na frente da casa vermelha! Os nazistas estão ali, do outro lado da rua!

— Ora — meu pai diz —, onde você acha que os soldados não vão pensar em olhar? Bem embaixo do nariz deles! E ainda podemos acompanhar seus movimentos.

É bom ouvir os adultos rirem um pouco, mesmo que eu esteja com frio, cansada e meio confusa.

Depósito de farinha

Papai trabalhava neste edifício, que era usado para estocar farinha. E, quando os homens dão uma olhada no porão, acham sacos de farinha.

Pelos menos vamos ter o que comer, os adultos dizem. Mas ninguém parece muito feliz por ter farinha para comer.

As janelas têm cortinas. Ótimo, vão nos ocultar da vista dos soldados. Papai faz um pequeno buraco numa das cortinas, assim nós podemos controlar as entradas e saídas dos nazistas.

Eu gostaria que não fizesse tanto frio. Mas não podemos usar o fogão para nos aquecer, porque os nazistas veriam a fumaça na chaminé. Nos aconchegamos todos para nos aquecer. Pelo menos estamos seguros, por ora, em nosso depósito de farinha.

Não ouvimos mais bombas nesta noite.

A geladeira

O pão e a água acabaram em dois dias. Não dá para engolir a farinha, é muito seca.

Isto aqui é uma geladeira. Observamos atentos o nosso hálito formar nuvens, como se tentássemos sobreviver minuto a minuto, a cada nova respiração.

Os nazistas ainda estão por aqui, a poucos passos. Enquanto a noite cai no gueto, eu penso em como seria fácil dormir e não acordar nunca mais. Eu me pergunto se é quente no céu.

Sendo corajosa

Está difícil dormir esta noite. Entre cochilos, ouço o ronco dos adultos, o assobio do vento nas rachaduras das paredes. Então ouço outra coisa.

Bummmm!

Que som foi esse? Será que imaginei? Estou sonhando?

Ninguém está acordado. Só eu.

Bummmm! Bummmm!

De novo! Mais alto! São as bombas, e parecem cada vez mais perto.

Fiiiiiiu, fiiiiiiu!

Outro barulho vindo de fora, da direita.

Estou morta de sono, com a cabeça nebulosa, como se fosse apagar. Como seria fácil ficar aconchegada entre meus pais, segura no calor dos corpos deles, mas alguma coisa me diz:

Acorde! Levante!
Acho que é minha intuição.
Me levanto do chão. Minhas pernas e braços estão duros de frio. Passo por cima das pessoas adormecidas e vou até a janela com a cortina que tem o buraco. Espio lá fora.
Os nazistas estão montando em suas motos! Eles se afastam a toda da casa vermelha.
Papai!
Tento gritar, mas não acontece nada. Minha garganta está seca por falta de água. Minhas pernas falham, e eu desabo no chão.
Bummmbummmbummm!
O barulho é mais alto. Eu penso em todas as vezes em que estive preocupada, sem saber o que fazer, à espera de que alguém me salvasse. Mas, desta vez, eu sei: é tudo comigo.
Eu sou valente, repito a mim mesma. *Lembre das peras.*
Me levanto um pouco e rastejo de joelhos pelo chão duro até minha família. Sacudo papai com a força que me resta. Ele acorda.
— Os nazistas — me esforço para dizer as palavras. — Estão indo embora!
Bummmm! Bummmm!
Papai salta e grita:
— Todo mundo para cima! Vamos lá!

Na rua

O edifício começa a tremer com o estrondo que ressoa sobre nossa cabeça.
— Aviões! — papai grita. Agora todo mundo está acordado e de pé. — Estão bombardeando o gueto. Vamos sair do edifício!
Mamãe e Dora correm para me ajudar a andar até a porta. Meus tios nos seguem com o pequeno Isaac. Papai vem por último, gritando:
— Vamos pela porta da frente! Tá mais perto!

Saímos para a rua pela porta da frente, bem onde os nazistas fugiram nas motos, um minutinho antes. A casa vermelha ainda está iluminada. Na pressa de sair, os soldados não apagaram as luzes.

Não se veem os aviões. Está tudo calmo agora. Andamos rua abaixo — a rua iluminada pela lua e pela neve. Não acho que a gente saiba para onde está indo. Nós só continuamos andando.

Sobreviventes como nós

Então os vemos. Outros como nós. Sobreviventes. Judeus — homens e mulheres — saindo de outros esconderijos. Nosso encontro é na rua.

— Você acredita nisso? Os alemães se foram!

— Nós os vimos fugindo do gueto.

— Não é seguro ficar dentro de casa. Os aviões estão bombardeando os edifícios nazistas.

Todos continuam andando. Juntos. Mais gente se une a nós. A multidão fica cada vez maior.

— E agora, o que fazemos?

— Será que os soldados voltam?

— Aonde vamos?

Aparece mais gente. Olho em volta e não posso acreditar que tantas pessoas conseguiram fugir, se esconder e permanecer vivas. Então voltam os estrondos. Todo mundo olha a barriga de um avião. Aí se ouve um zumbido estridente e:

Bummmmm!

Um edifício não muito longe explode em chamas.

— Corra! — alguém grita.

— Temos de achar um lugar aberto! — diz uma mulher.

— Se afastem dos edifícios!

— O pátio! — papai grita.

Ele pega Dora e eu pelas mãos e nos arrasta rua abaixo. Mamãe corre atrás de nós.

Espalha-se a notícia de que o pátio é o lugar mais seguro, e toda aquela multidão parece correr em bloco.

Eu não sei o que é o pátio até chegarmos lá. É uma área grande de terra — um retângulo cercado de edifícios —, com espaço suficiente para cabermos todos nós.

Papai diz para eu me deitar no chão. Apertada entre meus pais, me encontro no centro de uma multidão de centenas de judeus.

Fiiiiiiu! Bummmmm!
Fiiiiiiu! Bummmmm!

Assobiando, as bombas começam a cair à nossa volta.

Enviando uma mensagem ao céu

Ouço vozes — umas em polonês, umas numa outra língua.

— É hebraico — papai me diz. Olho para ele e vejo lágrimas descendo por seu rosto. — É a língua da nossa história.

Então ele começa a cantar um hino. Eu não sabia que ele conhecia o hebraico. Sua voz profunda se mistura com o cântico de muitos outros. O frio do inverno agora é menor com o calor de todas essas pessoas deitadas juntas. Eu começo a me lembrar de como é se sentir quente.

Duvido que Deus possa nos ouvir com a barulheira dos aviões e das bombas explodindo, mas de qualquer forma fecho os olhos e escuto as orações. Tomara que Deus esteja ouvindo também.

Milagres

Lá pelas tantas os aviões se foram, não se ouvem mais as bombas. Nossas vozes se apagam pouco a pouco, o pátio fica tranquilo — ficamos assim um bom tempo. Temos medo de nos mexer. Vai que começa um novo bombardeio.

— É um milagre! — uma mulher grita.

De repente todos se levantam, sacodem a neve, se abraçam, comemoram.

— Um milagre! — mamãe concorda.

Há fumaça no ar, e incêndios por todo o gueto, iluminan-

do os edifícios bombardeados. Mas não fomos atingidos! Nós escapamos, de alguma forma. Dora e eu rimos e jogamos punhados de neve uma na outra. É uma festa por alguns minutos.
Aí alguém grita:
— Vejam, homens!
A multidão fica em silêncio. Posso ouvi-los. Os homens que entram no gueto gritam. Mas as palavras deles não são polonesas.
Os nazistas, penso, e minha alegria se transforma em terror. *Não é justo!* Tenho vontade de chorar. *Nós fizemos de tudo para sobreviver. Não pode acabar assim!*
Papai me pega por baixo dos braços e me levanta, para que eu possa ver por cima da cabeça das pessoas. Vejo homens a cavalo entrando no pátio.
Cavalos?
— Syvia — diz papai —, são os russos.

Libertação

Os russos! Chegando para nos resgatar dos alemães!
Os cavaleiros vêm em nossa direção. Pretos, alazões, baios — os cavalos são tão bonitos que parece um sonho. Um homem de uniforme puxa as rédeas do cavalo e para diante da multidão. Estou tão perto que posso ver o rosto dele. Tem barba e costeletas espessas. E, quando olho seus olhos, fico chocada.
O soldado russo está chorando.

Olá!

— Olá! — diz o russo, acenando com a mão enluvada.
Me dei conta de outra coisa. Eu o entendi. Ele disse olá em iídiche.
Ele é judeu também.
Um homem na multidão diz alguma coisa em russo (alguns trabalhadores sabem várias línguas) e os russos respondem. As pessoas começam a falar em iídiche, russo, polonês. Então o soldado levanta a mão, a palma virada para nós, e sorri.

— Logo, logo vocês vão saber de tudo — ele diz em iídiche.
Papai traduz as palavras para mim.
— Mas antes...
O russo dá uma olhada na multidão e se fixa em mim.
— Como?! Vocês têm crianças aqui?! Não acredito!
O russo acena para mim.
— Tragam as crianças! — ele diz. — Tenho um presentinho para elas.

Eu me sinto insegura, com medo de deixar a proteção da multidão. Mas os adultos me encorajam, me empurram para perto do pequeno Isaac, do Chef, da Mãos Nervosas e das outras oitos crianças.

Saímos da multidão e damos um passo adiante. Sou muito tímida para olhar o soldado, então observo o cavalo. É grande, com olhos suaves, ventas dilatadas.

— Vem cá, menina — diz o soldado em iídiche.
Essas palavras eu conheço.

Quando eu era bem pequena e as tias vinham para o chá, elas diziam "que *shayna maidelah*", que menina bonita, e me beliscavam as bochechas antes que eu corresse e me escondesse atrás de minha cadeira.

— Vem cá, menina — diz o russo de novo.
Desta vez eu olho para ele. Está se inclinando, com alguma coisa na mão para mim.
Avanço e pego.

Presentes para as crianças

— É chocolate! — diz um dos garotos maiores.
O russo dá uma barra de chocolate a cada criança. Eu nunca tinha provado chocolate. Tiro a embalagem e dou uma mordida.
Minha nossa!
Agora nós, crianças, devoramos nossas barras de chocolate. O pequeno Isaac se lambuza todo. Em volta da boca dele fica tudo marrom.

É muito bom o sabor do chocolate. É maravilhoso.
Então o cavalo sacode a cabeça e espirra baba para todo lado. Eu rio, a boca cheia de chocolate, e olho o soldado russo. Ele está rindo também.

Liberdade

Fomos libertados! Estamos livres!
As pessoas começam a gritar, algumas a dançar.
Os nazistas foram derrotados!
Volto para a minha família, sorrindo. Eles me abraçam e se divertem com minha língua marrom.
Papai nos deixa para falar com os soldados russos, que agora estão no chão.
— Viva! — alguém grita.
Vejo que alguns soldados pegaram facas.
— Vão começar a cortar o arame farpado — Dora explica.
Chega de arame farpado em Lodz! Acabou-se o gueto!
Estamos livres! A Polônia está livre!
Podemos ir para casa!

Uma história incrível

Papai volta, depois de falar com os soldados. Ele continua sorrindo, mas tem as sobrancelhas franzidas e o olhar preocupado.
— Isaac? — minha mãe diz.
— Tenho uma história maravilhosa para contar a vocês! — papai fala.
As pessoas se reúnem em volta de papai para ouvir.
— Esse soldado russo é major, é quem comanda esses homens. É judeu, sim. Ele mesmo estava em um dos aviões que há pouco bombardeavam o gueto. Tinha ordens para destruir tudo, e era o que ele e seus homens estavam fazendo, quando sobrevoavam o pátio. Sabem o que houve? O holofote do avião nos iluminou e ele viu...

Papai faz uma pausa. Todos nos inclinamos para ouvir melhor.

— Ele viu nossas estrelas amarelas! — papai diz. — Nossas estrelas de davi brilharam sob o holofote. Ele mandou que os soldados parassem imediatamente de bombardear esta área. Então ele aterrissou para nos resgatar. Os russos estavam acampados em Lodz, não muito longe dali. Então eles correram para pegar seus cavalos e vieram nos encontrar!

Incrível! Que sorte que ele nos viu. Graças a Deus ele é judeu.

As pessoas falam à minha volta. Olho para a minha estrela amarela, costurada na minha roupa há tantos anos. Eu tinha me esquecido que estava ali, na parte da frente. Muitos de nós também temos uma estrela nas costas, para que esteja claro que somos judeus.

— Bem, elas mostraram direitinho que somos judeus — um homem ri. — Nós nos exibimos para os russos!

E todos se alegram de novo.

— Syvia — papai diz —, você é nossa heroína!

Euuuu? Me viro para Dora, que confirma com a cabeça.

— Se não fosse você, teríamos continuado dormindo durante o bombardeio e talvez não tivéssemos chegado a tempo ao pátio. Você acordou e teve a coragem de espiar os nazistas, e depois de decidir nos chamar.

— Viva Syvia! — diz mamãe.

— Viva Syvia! — outra pessoa diz.

Não estou acostumada a esse tipo de atenção. Meto o rosto no casaco de papai, mas secretamente estou satisfeita.

Uma heroína. Eu. A Ratinha. Quem poderia imaginar?

As más notícias

Papai nos conta as más notícias. Notícias terríveis.

O major russo tinha ficado muito surpreso de encontrar judeus. Ele lhe dissera:

— Eu achava que não havia mais judeus na Polônia.

Como? Nenhum judeu?

Todos a nossa volta estão mudos. *Onde estão nossas famílias, nossos amigos, nossas crianças?*
— Foram enviados para campos de concentração — papai diz. Ele baixa a cabeça. — Os nazistas cometeram assassinatos em massa. Talvez alguns judeus ainda estejam vivos — papai acrescenta. — O russo não sabe ao certo. Mas, por todos os lugares que passou, foi a mesma coisa. Não deixaram um judeu vivo.
Então as pessoas choraram. Algumas pareciam em transe. Eu penso em todos os que embarcaram nos vagões — meus vizinhos, minha amiga Itka, meus primos. Meu coração dói de tristeza — tristeza misturada com alívio, culpa e alegria por minha família ainda estar viva.
— Vamos, Syvia — papai diz e pega uma das minhas mãos. Dora pega a outra. E mamãe segue ao lado de papai. — Vamos para casa.

Despedaçados

Papai quer ir ao nosso primeiro apartamento.
— Vamos ver se deixaram alguma coisa lá — ele diz.
Enquanto andamos pelo beco, vemos muitas pessoas que correm para dentro e para fora dos edifícios, carregando coisas pelas ruas.
— São pessoas que moram fora do gueto — Dora diz. — Vieram para pegar o que encontrarem.
Quando chegamos ao nosso apartamento, ficamos surpresos. Já passaram por aqui. As poucas coisas que tínhamos estão atiradas e quebradas.
No assoalho estão várias fotos que tiramos antes da guerra. Os vidros dos quadros estão quebrados e há marcas de pisadas nos rostos da minha família.
Agacho e tiro as fotos das molduras, sacudindo os pedaços de vidro e limpando o barro o melhor que posso.
— Essa não! — mamãe grita, parecendo muito chateada. — As joias da mamãe! Roubaram!

Eu não sabia que minha mãe havia guardado umas duas peças das joias da sua mãe, escondendo-as por anos.

— Eu as estava guardando para dar a Dora e Syvia — mamãe suspira.

Damos uma última olhada no lugar que fomos obrigados a chamar de lar por tanto tempo. Saímos apressados, sem levar nada.

Indo embora

É hora de abandonar o gueto! É hora de abandonar o gueto!

Eu cantarolo essas palavras em minha cabeça, ao ritmo de meus passos, que me levam para a saída.

Para fora do gueto. Para fora do gueto.

Minhas pernas fracas parecem ganhar força a cada passo. Então chegamos à cerca de arame farpado.

Há uma fenda enorme nela, feita agora mesmo. As pessoas passam por ali.

Agora é nossa vez.

19 de janeiro de 1945

Na saída do gueto, papai diz de repente:

— Olha só. O russo disse que hoje é 19 de janeiro de 1945, o dia da nossa libertação. Isso quer dizer que amanhã é o aniversário de Syvia. Feliz aniversário, Syvia.

— Sim, feliz aniversário — mamãe e Dora me dizem.

Nós damos um passo para fora do gueto, para o que resta de nossa vida. Falta um dia para eu fazer dez anos.

NOTA DA AUTORA

Em 19 de janeiro de 1945, foram libertados do gueto de Lodz aproximadamente oitocentos sobreviventes judeus. Nesse dia, Syvia, seus pais e sua irmã saíram do gueto pela primeira vez em cinco anos e meio. O tio de Syvia, Haskel, sua esposa, Hana, e seu filho pequeno, Isaac, que havia nascido ali, também.

Quando os sobreviventes deixaram o gueto, poloneses paravam para olhar. Alguns gritavam coisas cruéis, até os xingavam. Syvia ouviu uma polonesa gritar, furiosa:

— Veja só quantos sobraram!

Embora a guerra houvesse terminado, alguns poloneses continuavam sentindo grande aversão pelos judeus.

A família de Syvia voltou para a casa em que viviam antes da guerra. Ainda estava lá, ainda era deles. Mas a Polônia do pós-guerra era um lugar perigoso para os judeus. O pai de Syvia teve medo de serem feridos ou mortos. Então ele planejou a fuga.

Poucos meses depois, a família de Syvia foi embora, à noite, deixando quase tudo para trás, fora algumas roupas, fotos e um pouco de dinheiro escondido antes da guerra. Eles pegaram um trem que partia de Lodz. Depois o pai de Syvia contratou um homem com um caminhão para atravessarem às escondidas a fronteira para a Alemanha, onde tinham sido criados campos para os refugiados de guerra.

A família de Syvia permaneceu alguns meses num desses campos. Mais tarde tiveram permissão para ir para Paris, França, onde morava o irmão do pai de Syvia. Lá Syvia passou sua adolescência. A adaptação da criança polonesa à garota francesa "normal" levou um bom tempo. Syvia sempre se sentiu "burra", porque estava muito atrasada em relação a seus colegas na escola. Mas, com boa comida, roupas novas, filmes e amigos franceses, aos poucos Syvia se adaptou à sua nova vida.

Mas à noite os horrores voltavam. Toda noite, por anos, Syvia acordava aos gritos de pesadelos: nazistas, passar fome, ser enterrada viva. Os pais e a irmã dela se revezavam para consolá-la até que dormisse de novo.

Em seguida Dora se casou. Ela e o marido, Jack, decidiram se mudar para os Estados Unidos. Eles se estabeleceram em Albany, Nova York.

Infelizmente, Haya, a mãe de Syvia, teve câncer e morreu quando a filha tinha só dezesseis anos. Syvia e seu pai ficaram arrasados. Eles permaneceram em Paris por um tempo, mas não era a mesma coisa sem Dora e Haya. Dora os incentivou a irem para a América, onde todos poderiam ficar juntos. Em 1957, Isaac e Syvia Perlmutter emigraram para os Estados Unidos, para perto de Dora e Jack.

O pai de Syvia conseguiu um bom emprego como vendedor. E Syvia, que teve o nome americanizado para Sylvia, arrumou um emprego numa loja de roupas. Ela estava aprendendo inglês e se adaptando a seu novo país quando conheceu David Rozines, um sobrevivente como ela. Os dois se casaram em 1959. Logo se mudaram para Rochester, Nova York, onde nasceu seu filho.

Tiveram uma boa vida em Rochester. David vendia e instalava acessórios para janelas. O filho do casal estudou em um dos melhores distritos educativos do país. Sylvia trabalhava na lanchonete da escola do filho e se emocionava ao vê-lo receber a educação que ela nunca teve. A mãe de David, Rachel, vivia com eles. Com frequência visitavam Isaac e Dora. Agora Isaac tinha dois netos — o filho de Sylvia e a filha de Dora, Helene. (Os dois primos continuam amigos até hoje.)

O tempo passou. Datas foram comemoradas. Em 1975, o filho de Sylvia e David festejou seu *bar mitzvah* — um momento de orgulho para uma família judia. (A autora, com oito anos, compareceu, usando um vestido longo pela primeira vez!) Nessa época, Isaac Perlmutter fez setenta anos e deu uma festa (a autora se lembra de ter dançado com o senhor Perlmutter — um cavalheiro antigo, muito simpático, careca, de olhos brilhantes e um grande sorriso). Pouco tempo depois da festa, Isaac — o "papai" de Sylvia — faleceu. Ele era querido e respeitado. Mas a maioria das pessoas não sabia o que ele fizera durante a guerra.

O filho de Sylvia e David foi para a faculdade e, depois de formado, foi trabalhar em Washington, D.C. Ele se casou com uma enfermeira. Em 1991, eles tiveram seu primeiro filho, Jeffrey Isaac. A filha, Alyssa Rachel, nasceu três anos depois.

Sylvia e David adoravam ser avós. A mãe de David faleceu bem velhinha, e Sylvia e David puderam visitar a família de seu filho diversas vezes.

Então David morreu de leucemia. Sylvia vendeu a casa de Rochester e se mudou para Maryland, não muito longe de onde moravam seu filho, sua nora e seus netos.

Hoje, Sylvia colabora regularmente no Museu dos Estados Unidos em Memória do Holocausto, em Washington, D.C. Desde que começou a falar de sua infância, ela se envolveu com organizações que ensinam a história do Holocausto. Sylvia foi fotografada para uma exposição itinerante sobre os sobreviventes dos guetos da Segunda Grande Guerra. Ela também foi filmada para a Shoah Foundation, de Steven Spielberg, que preserva a história dos sobreviventes. E, se você for ao Museu do Holocausto no dia certo, poderá fazer a visita com uma guia de grandes olhos castanhos e brilhantes, com um sotaque europeu. É a Sylvia — compartilhando uma história que também é a história *dela*.

E os outros, onde estão?

Dora, a irmã de Sylvia, ainda vive em Albany, Nova York, com seu marido, Jack. Sua filha mais velha, Helene, foi ao *bar mitzvah* de Jeffrey, o neto de Sylvia. Devido a problemas de saúde, Dora e Jack não podem viajar. Então, Sylvia fala com a irmã por telefone. Dora está ansiosa para ler este livro logo que for publicado!

O "pequeno" Isaac agora se chama Jack. A família dele emigrou para o Canadá depois da guerra. Haskel e Hana faleceram faz tempo. Jack se casou com Joanna, outra polonesa sobrevivente, e tiveram dois filhos, Martin e Karen, agora grandes. Jack vive em Toronto.

Sara e Samuel sobreviveram ao campo de concentração, mas seus filhos não. Depois da guerra, eles se mudaram para Israel e tiveram outro filho.

Rose, Hyman e sua filha Mina (que Isaac Perlmutter salvou no carrinho de mão) sobreviveram aos campos de concentração. Mina vive agora na cidade de Nova York.

A filha de Malka morreu num campo de concentração, mas Malka e seus três filhos sobreviveram. Os filhos vivem nos Estados Unidos. Label, Herschel, Edit, Esther e Sura morreram nos campos.

Toda noite, nos últimos cinquenta anos, Sylvia diz o Kaddish — a oração pelos mortos. Ela reza por suas amiguinhas Hava e Itka. Também reza por todos os outros — tios, primos, vizinhos e desconhecidos — que pereceram na guerra. Suas vozes foram silenciadas há muitos anos. Agora Sylvia falou para poder se lembrar deles, para compartilhar suas memórias, para que nunca sejam esquecidos.

CRONOLOGIA

1º de setembro de 1939

Os alemães invadem a Polônia. Começa a Segunda Guerra Mundial. Noruega, Finlândia e Suíça se declaram neutras.

3 de setembro de 1939

Inglaterra, França, Austrália e Nova Zelândia declaram guerra à Alemanha. O Canadá também, no dia 10 de setembro.

5 de setembro de 1939

Os Estados Unidos continuam neutros.

8 de setembro de 1939

Os alemães ocupam Lodz, na Polônia.

23 de novembro de 1939

Os judeus poloneses têm ordens de usar a estrela de davi.

21 de fevereiro de 1940

Construção do campo de concentração de Auschwitz.

9 de abril de 1940

A Alemanha invade a Noruega e a Dinamarca.

5 de junho de 1940

A Alemanha ataca a França.

10 de maio de 1940

A Alemanha invade a Bélgica, os Países Baixos e Luxemburgo. Winston Churchill se torna o primeiro-ministro britânico.

15 de maio de 1940

Os Países Baixos se rendem.

10 de junho de 1940

A Itália declara guerra à Inglaterra e à França.

22 de junho de 1940

A França se rende à Alemanha e à Itália. A Alemanha invade a União Soviética.

Verão de 1940

Os combates ganham o mar e o ar.

25 de agosto de 1940

A Inglaterra bombardeia Berlim, na Alemanha, em represália ao bombardeio nazista a Londres.

7 de setembro de 1940

A Alemanha continua bombardeando Londres.

22 de junho de 1941

Os nazistas invadem a União Soviética e começam os massacres de judeus, como de Babi Yar, em Kiev, com 33 mil judeus fuzilados.

19 de setembro de 1941

Hitler ordena que, na Europa ocupada, todos os judeus com mais de seis anos de idade levem a estrela de davi costurada em suas roupas.

6 de dezembro de 1941

Começa a contraofensiva do Exército soviético na frente alemã.

7 de dezembro de 1941

O Japão ataca a Marinha dos Estados Unidos em Pearl Harbour, no Havaí, matando 2403 pessoas.

8 de dezembro de 1941

Os Estados Unidos e a Inglaterra declaram guerra ao Japão.

11 de dezembro de 1941

A Alemanha e a Itália declaram guerra aos Estados Unidos.

13 de janeiro de 1942

Os Estados Unidos começam a prender americanos de origem japonesa em campos de concentração.

16 de janeiro de 1942

Têm início as deportações do gueto de Lodz para o campo de extermínio de Chelmno.

20 de janeiro de 1942

A conferência de Wannsee estabelece "a solução final para o problema judaico".

4 de junho de 1942

Começa a Batalha de Midway.

7 de agosto de 1942

A Marinha americana desembarca em Guadalcanal, nas Ilhas Salomão.

2 de fevereiro de 1943

Os nazistas são derrotados em Stalingrado, na Rússia.

16 de maio de 1943

Destruição do gueto de Varsóvia.

21 de julho de 1943

O chefe nazista Heinrich Himmler dá ordens para a destruição de todos os guetos da Polônia e da União Soviética.

Setembro de 1943

Os aliados desembarcam na Itália, e esse país se rende.

13 de outubro de 1943

A Itália declara guerra à Alemanha.

Verão-outono de 1943

A destruição dos guetos continua. Milhares de judeus são enviados para campos de concentração. Lodz continua a ser poupado.

6 de junho de 1944

Dia D. Desembarque dos aliados na Normandia, França.

23 de junho de 1944

"Voluntários" judeus de Lodz são levados para Chelmno.

20 de julho de 1944

Uma tentativa de assassinato de Hitler fracassa.

7-30 de agosto de 1944

Deportações de Lodz para o campo de concentração Auschwitz-Birkenau.

17 de janeiro de 1945

O Exército soviético toma Varsóvia, capital da Polônia.

19 de janeiro de 1945

O gueto de Lodz é libertado.

4 de fevereiro de 1945

Começa a Conferência de Yalta. Os aliados traçam planos de guerra.

19 de fevereiro de 1945

Os Estados Unidos desembarcam na ilha de Iwo Jima.

1º de abril de 1945

Batalha de Okinawa, Japão.

12 de abril de 1945

Os aliados libertam os campos de concentração de Buchenwald e Belsen.

16 de abril de 1945

Batalha de Berlim.

28 de abril de 1945

Benito Mussolini é assassinado na Itália.

30 de abril de 1945

Hitler se suicida.

2 de maio de 1945

Os soviéticos tomam Berlim, na Alemanha.

8 de maio de 1945

A Alemanha se rende (Dia da Vitória na Europa).

6 e 9 de agosto de 1945

Os Estados Unidos jogam as bombas atômicas em Hiroshima e Nagasaki, no Japão.

14 de agosto de 1945

O Japão se rende. Termina a Segunda Guerra Mundial.

1ª EDIÇÃO [2011] 7 reimpressões

ESTA OBRA FOI COMPOSTA EM BASKERVILLE PELO ESTÚDIO O.L.M. E IMPRESSA EM OFSETE PELA GRÁFICA BARTIRA SOBRE PAPEL PÓLEN BOLD DA SUZANO S.A. PARA A EDITORA SCHWARCZ EM MAIO DE 2024

A marca FSC é a garantia de que a madeira utilizada na fabricação do papel deste livro provém de florestas que foram gerenciadas de maneira ambientalmente correta, socialmente justa e economicamente viável, além de outras fontes de origem controlada.